KB120357

다시,
　영화를
읽는 시간

다시, 영화를 읽는 시간

초 판 1쇄   2020년 09월 24일

지은이 이동기
펴낸이 류종렬

펴낸곳 미다스북스
총괄실장 명상완
책임편집 이다경
책임진행 박새연 김가영 신은서 임종익
본문교정 최은혜 강윤희 정은희 정필례

등록 2001년 3월 21일 제2001-000040호
주소 서울시 마포구 양화로 133 서교타워 711호
전화 02) 322-7802~3
팩스 02) 6007-1845
블로그 http://blog.naver.com/midasbooks
전자주소 midasbooks@hanmail.net
페이스북 https://www.facebook.com/midasbooks425

© 이동기, 미다스북스 2020, *Printed in Korea*.

ISBN 978-89-6637-854-8 03680

값 **15,000원**

객석에 남겨진 세 가지 이야기
성장 · 사랑 · 세상

이동기 지음

다시,
영화를
읽는 시간

"영화는 내 안에서 다시 시작된다."

미다스북스

그때 내 옆에 영화가 있었다

오늘도 어김없이 이른 새벽에 눈을 떴다. 동이 터오는 하늘의 불그스름한 색깔은 출근하는 평일의 일상에서는 쉽게 보기 힘든 풍경이다. 조용히 잠에 빠져 있는 가족들 몰래 거실로 나와 아메리카노 한 잔을 내리기 시작했다. 쪼르르 컵에 담기는 그 소리가 아직 남아 있는 단잠의 여유를 확 깨우는 것 같다. 정신없이 혹은 무료하게 보낸 지난 일주일은 어떻게 지나간 것일까. 커피 맛이 달게 느껴진다. 짧은 기간 사이에 많은 일이 일어났다. 그토록 바라던 일들이 하나둘씩 해결되고 잉크를 묻혀야 할 곳도 몇 군데 더 늘어났다. 그저 반복된 생활을 벗어나 살아 있음을 느끼고 싶어 시작했던 일들이 하나씩 눈앞에 모습을 드러내니 지난 몇 년간의 일들을 기억 속에서 하나둘씩 되새김질하게 된다.

데시가하라 히로시의 1964년 작 〈모래의 여자〉(1964)는 독특한 소재와 참 좋은 시나리오로 높은 평가를 받았던 작품이다. 반복된 일상에 빠져들어 스스로 우물 안 개구리로 만들어가는 과정을 그렸는데, 평범하지 않은 배경도 그러하지만, 무엇보다 한 개인의 심리를 제대로 묘사해 특정 환경에서의 사람이 어떤 방향으로 나아가는지, 그리고 어떻게 변화해가는지를 세밀하게 표현했다. 이렇듯 일상에 침몰되다 보면 고군분투하러 뛰쳐나가는 게 말처럼 쉬운 일이 아니다. 나름 큰 용기를 냈는데 모래 속 사람들이 알아주는 것도 아니고, 모래 밖 사람들은 더할 뿐이니 말이다. 내게 영화를 보고 글을 쓴다는 건 그런 거였다. 생각을 정리하고 흔적을 남긴다는 건 우물 밖으로 아니 모래 밖으로 뛰쳐나가는 거였기 때문이다. 어차피 살아갈 곳은 모래 속이지만 이마저도 큰 용기를 낸 거다.

이동진 평론가께서는 내게 "처음으로 자신의 책을 받아들고 펼쳐보는 그 순간을 아마도 오래오래 기억하게 될 것"이라고 얘기하셨는데, 막상 책을 받아드니 두 번째 책에 대한 애착이 더 강해졌다. 첫 번째 에세이를 냈던 것이 그저 내 이름이 박힌 책 한 권을 갖고 싶다는 철없던 갈망의 표현에 불과했다면, 지금은 '책'이 가진 의미와 무게를 오롯이 강하게 느끼고 있어서이다. 그만큼 책을 낸다는 건 오랜 기간 수많은 이들의 노력과 고뇌, 그리고 책임이 뒤따르는 일이다.

영화는 언제나 내게 배움의 공간이었다. 그 작은 화면 속에는 세상의 온갖 것들이 다 모여 있다. 사랑, 미움, 스릴, 교훈, 심지어 삶에 대한 반성까지도 말이다. 이 책을 통해 많은 이들이 영화를 즐겼으면 좋겠다. 영화는 우리가 꿈꾸고 생각하고 나아가는 모든 삶을 지탱시켜준다. 즐거움을 나눠줄 수도 있고 슬픔에 공감할 수도 있다. 우리가 짊어진 삶의 무게를 대신 받아들일 줄도 안다. 영화는 우리에게 아무것도 바라지 않은 채 우리가 원하는 삶을 화면에 대신 투영시켜준다. 그런 영화가 만드는 세상은 참으로 경이롭고 아름답다.

영화 〈냉정과 열정 사이〉(2001)의 준세이(다케노우치 유타카 분)가 자전거를 고치는 장면이 떠오른다. '1997 spring'의 진한 선율이 가볍게 흐르는 순간이다. 일상의 평범한 순간이지만 그는 이 순간 아오이(진혜림 분)가 자신을 쳐다보고 있음을 알아채지 못한다. 내게 있어 이탈리아 피렌체는 그런 곳이다. 어쩌면 지금 이 순간 깨닫지 못하고 있을 수도 있다. 꿈꾸는 피렌체의 두오모 성당이 그리 멀리 있지 않다는 사실을, 내 마음과 행동이 나를 그곳으로 이끌어줄지도 모른다는 그 사실을 말이다. 이 책이 나를 그곳으로 데려다줄 수 있기를 바라며.

목 차

제 1 장   성장을 말하다

제 2 장 사랑을 말하다

제 3 장   세상을 말하다

제 1 장

성장을
말하다

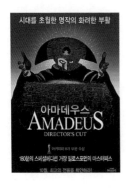

시대를 초월한 명작의 화려한 부활

아마데우스
AMADEUS
DIRECTOR'S CUT

아카데미 8개 부문 수상
180분의 스페셜에디션 거장 밀로스포만의 마스터피스

10월, 최고의 전율을 확인하라!

01

노력이 주는
무게와 가치

〈아마데우스〉(2015)

"모든 평범한 사람들이여, 너의 죄를 사하노라."

인생은 타인의 관점에서 바라보면 주목받는 삶과 주목받지 못하는 삶으로 나뉜다. 사람들은 너무나 쉽게 남들에게 늘 고개를 숙이고 살아가라고 얘기한다. 하지만 막상 자신이 저 높은 위치에 올라서게 되면 그것도 마냥 쉬운 일만은 아닐 거다. 그럼에도 불구하고 태생부터 천재로 태어나 높은 곳에 쉽게 오르는 이와 낮은 곳에서부터 시작해 꾸준한 노력을 통해 험난한 과정을 거쳐 어렵게 오르는 이도 존재한다. 이처럼 높은 곳에 오르는 방법부터 극과 극으로 나뉘는 게 우리가 살아가고 있는 세상이 아닐까.

개인적으로 가장 좋아하는 작품 중 하나인 프랭크 밀러의 〈이어 원〉(2008)은 한 영웅의 시작을 섬세하게 묘사하고 있지만, 그 내면 에는 고든 국장과 같이 보이지 않는 곳에서 묵묵히 자기 일을 다 하 는 영웅도 있음을 어렵지 않게 살펴볼 수 있다. 내가 저 밝은 곳에 굳이 나서지 않더라도, 사람들이 나의 치적을 알아주지 않더라도, 흔들리지 않고 꿋꿋이 소임을 해내는 사람들. 배트맨보다 고든 국 장에게 한 번 더 눈길이 가는 건 아마도 그런 이들에 대한 무한한 존경심 때문일 거다.

알렉산드르 푸시킨이 1830년 발표한 희곡 「모차르트와 살리에 리」는 이런 시각을 포용하는 재주를 가졌다. 누구나 다 알고 있는 천재 '볼프강 아마데우스 모차르트'의 죽음에 대해 서술한 이 희곡 은 비단 모차르트 한 명만 조명하지 않고 동시대를 아름답고 풍성 하게 그려내는 데 일조한 '천재' 모차르트와 '노력파' 살리에리, 두 사 람 모두를 바라본 작품이기도 하다. '예술'을 정의할 때 단순히 뛰어난 '재능'에만 의미를 두지 않고 살리에리의 '노력'까지도 함께 묘사함으로써 그 가치를 새롭게 해석했다. 이 말은 즉, 모차르트의 천재성을 시기하고 질투한 그의 광기와는 달리, 예술적 천재성과 노력의 가치를 공평한 시선으로 읽어냈다는 점에서 작품의 의미가 새롭게 다가오는 부분이라 하겠다.

살리에리(F. 머레이 아브라함 분)는 그를 찾아온 신부에게 왜 하느님은 자신에게 모차르트(톰 헐스 분)와 같은 재능을 주지 않으셨는지를 수차례 토로하고 자신의 행위에 대해 늘 고통스러워한다.

밀로스 포만 감독의 영화 〈아마데우스〉(2015)는 이처럼 잘 알려진 천재 모차르트(톰 헐스 분)에 대한 살리에리(F. 머레이 아브라함 분)의 시기와 질투보다도 모차르트를 이겨내고자 하는 그의 노력과 과정, 그리고 고뇌에 좀 더 많은 무게를 실은 작품이다. 정신병원에 수감된 살리에리는 그를 찾아온 신부에게 왜 하느님은 자신에게 재능을 주지 않으셨는지를 수차례 토로하고 자신의 행위에 대해 늘 고통스러워한다. 영화는 얼핏 보면 살리에리의 진술을 통해 모차르트의 천재성과 그의 죽음에 대해 얘기하는 듯 보이지만, 사실 살리에리를 중심으로 평범한 이가 천재를 따라잡기 위해 애를 쓰는 과정, 즉 그의 위대한 노력과 고뇌, 좌절 등을 사실적으로 표현하고 있음을 쉽게 이해할 수 있다.

글의 서두에서 〈이어 원〉을 언급하며 '배트맨'이 아닌 '고든 국장'을 얘기했던 것도 이와 같은 맥락이다. 애초에 그 둘의 출발선이 달랐다는 불공평함을 얘기하는 게 아니라, 각자에게 주어진 위치와 역할 자체가 달랐다는 거다. 분명한 건 그 위치와 역할에 있어 무게와 가치는 전혀 차이를 두지 않고 말이다. 배트맨은 부유한 환경을 타고 났음에도 불구하고 부모를 일찍 여의고 스스로 자경단을 자처하고 나서 고담시를 흔들어대는 이들에 대한 무게를 스스로 짊어진다. 반면 고든 국장은 고담시의 평화를 이끌어내는 역할을 맡고 있지만, 배트맨만큼의 힘과 여유가 없어 매번 풀리지 않는 사건 해결을 위해 배트맨에게 도움을 청한다. 하지만 그의 행적을 자세히 살펴보면 배트맨이 열심히 뛰어다니는 동안 그는 결코 가만히 기다리고만 있지 않다. 오히려 배트맨과 협력해 조금이라도 그의 역할을 해내고자 하는 데 충실하다. 그 역할이 크건 작건 간에 말이다.

우리는 샘 멘데스 감독의 영화 〈1917〉(2019)을 통해 평범한 병사 한 명의 끈질긴 노력이 수많은 군인의 목숨을 구해내는 장면을 감명 깊게 바라볼 수 있었다. 그 '가치'는 분명 평범하지만, 꿋꿋이 자신의 위치에서 제 할 일을 다 해낸 '노력'에 있었다는 것, 시간이 지나더라도 많은 이들이 그 '노력'의 무게를 잊지 않았으면 좋겠다.

02

너랑 나랑은
그렇고 그런 사이니까

〈N번째 이별중〉(2018)

"오늘 좀 만나, 할 말이 있어."

사랑과 이별을 주제로 한 영화들이 참 많다. TV에는 너무나도 쉽게 만나고 쉽게 헤어지는 사연을 소재로 한 이야기들이 각자의 썰을 재밌게 풀어놓는다. 그만큼 이런 주제의 이야기는 그 속에서 차별화를 이루기 위해 다양한 가지들을 얼기설기 설정하기도 한다. 하지만 그런 노력에도 불구하고 이젠 관객들조차도 그 가지가 어떤 방향으로 뻗어나가는지 쉽게 추측할 수 있을 정도로 해당 소재는 이미 진부해졌다. 그럼에도 사랑과 이별은 여전히 사람들의 감정을 마구 휘저어놓고 있다. 이는 누구나 경험하는 자연스러운 감정이자 살아가면서 또는 성장하면서 그 사람만이 간직할 수 있는 유일한 추억을 형성시켜주기 때문이다. 진부하지만 늘 새롭고 누구에게나 열려 있지만, 혼자만 간직하고 싶은 비밀이라는 점에서 영화의 주제로서 커다란 장점이 되지 않을까 싶다. 영화 〈N번째 이별 중〉(2018)은 이처럼 식상하게 다가오기도 하고 결말과 메시지가 쉽게 짐작되기도 하지만, 여전히 관객들에게 재미를 던져주는 작품이라는 점에서 풋풋한 계절에 충분히 선택받을 만한 영화라는 생각이다.

영화는 익숙한 연애 이야기에 '타임리프'라는 새로운 SF장치를 집어넣었다. 반복되는 장면들로 관객들이 쉽게 답답함을 느낄 수도 있지만, 타임리프를 조명하는 건 잠시일 뿐 영화는 금세 그 꿍꿍이를 드러낸다. 영화의 줄거리가 뻔해 이야기 구성이 단순하고 반복적인 화면으로 지루함을 함께 느낄 수 있는 건 이야기가 가진 태생적인 단점일 거다. 하지만 이를 잘만 들여다본다면 이러한 진부한 이야기 속에서도 소소한 재미를 찾아볼 수 있다. 누구나 해봄 직한 연애는 늘 그렇듯이 원하는 방향대로 흘러가지만은 않기 때문이다. 사람의 감정은 논리적으로 이해할 수 없을 정도로 정답을 제시하지 않지만, 그 때문에 오히려 그 어떤 누구도 자신의 방식과 선택이 정답이라고 당당하게 외칠 수만도 없지 않은가. 남녀의 감정은 숨겨둔 깊이만큼이나 이해하기 어렵지만, 자신에게는 언제나 솔직해, 천천히 꺼내드는 속도만큼 서로를 이해하고 함께 배울 수 있도록 배려해준다는 생각이다.

그런 점에서 영화는 관객들에게 사랑을 함께 배워가자고 조금씩 그리고 천천히 손길을 내민다. 물리학 천재 스틸먼(에이사 버터필드 분)이 데비(소피 터너 분)와의 헤어짐으로 타임리프 앱을 발명하는 건, 영화 속에서 주목할 만한 소재가 되지 못한다. 오히려 순식간에 만들어진 세기의 발명품은 영화 속에서 역사를 뒤바꾸거나 히어로로서 사람들을 구해내는 무게를 드러내지 않고, 한편으로 장난스럽고 애교스럽게 한 커플의 연애사를 성공적으로 만들기 위한 도구가 됐다. 그럼에도 관객들은 이러한 요소들을 전혀 부담스러워하지 않는다. 영화는 애초부터 사랑을 SF로 접근하기보다는 한 남녀의 감정이 어떻게 공유되는 게 보다 정답에 가까운 건지를 관객들에게 있는 그대로 보여주고 있기 때문이다. 반복되는 타임리프 장면이나 실수를 연발하는 스틸먼의 귀여운 모습 등이 전혀 거부감 없이 다가오는 것도 다소 어려운 소재들을 쉽게 풀어내고자 하는 연출 방향에 그 해답이 있다고 생각된다.

물리학 천재 스틸먼(에이사 버터필드 분)은 여자친구 데비(소피 터너 분)와의 헤어짐을 이겨내지 못하고 천재적인 두뇌로 타임리프 앱을 발명해 그녀와의 만남을 이어가고자 노력한다.

이 영화는 사랑에 대한 감정을 이해하는 과정을 반복된 타임리프를 통해 세밀하게 그려낸 작품이다. 또한, 연애 과정에서 누구나 부닥칠 수 있는 실수 또한 애교스러운 연기를 통해 관객들의 미소로 이어질 수 있도록 하는 데 성공했다. 여기에 반복된 장면들을 통해 남녀가 감정을 교감하는 과정을 아름답게 그려낼 수 있었던 건 이 영화가 여느 영화들과는 달리 나름의 차별화를 추구했음을 보여준다. 에이사 버터필드와 소피 터너는 최근 할리우드에서 떠오르는 신예로 각광받고 있는 배우들이다. 젊은 배우들이 자신에게 꼭 알맞은 역할을 맡아 자연스러움을 한층 더해준 것도 스토리뿐만 아니라 배우들의 연기에도 관객들의 이목을 집중시키게 만드는 요소가 됐다고 생각된다. 스토리가 강약 조절을 하지 못해 영화의 도입부가 조금 빈약한 점은 비록 작은 아쉬움으로 남지만, 소소한 재미로 달콤한 사랑의 끝 맛을 느끼게 해주는 영화라는 점에서 개인적으로 영화를 보는 내내 좋은 시간이 될 것만 같다.

지금 이 모습이
내 최고의 모습이라면

〈레이디 버드〉(2018)

"크리스틴, 내 이름은 크리스틴이야."

반항심 가득한 사춘기 시절, 나를 둘러싼 억압과 구속으로부터 자유롭게 벗어나고 싶어 하는 시기. 하지만 이는 판단에 대한 넓은 시야를 갖추지 못해 주변의 관심과 사랑을 필요로 하는 시기이기도 하다. 누구나 그렇듯 그 어려운 관문을 거쳐야 진정한 성인으로서 한몫을 하게 된다. 어른이 되어간다는 건 누구나 겪게 되는 성장통이지만, 개개인에게는 한 번밖에 없는 특별한 경험이라는 점에서 이를 다양한 시각에서 표현해야만 하는 배우들조차 이러한 상황은 어려운 숙제다. 영화 〈레이디 버드〉(2018)는 감정의 세세한 부분까지 건드리는 연출자로 최근 두각을 나타내고 있는 감독 그레타 거윅이 지난 2018년 발표한 작품이다. 카메라의 시선에서 눈에 띄는 배경과 시선을 사로잡는 시각적 효과는 없지만, 대신에 배우들의 대사와 행동, 표정 등을 통해 그때그때의 분위기와 감정을 세밀하게 드러내고자 노력한 부분이 보인다. 다시 말해 자극적인 화면은 없지만 자극적인 대사는 충분하고, 화려한 테크닉은 없지만 화려한 스토리로 가득 차 있다고 말할 수 있겠다. 여기서 얘기하는 '자극적'이라는 표현은 감정의 굴곡선을 제대로 담고 있다는 거고, 또 '화려하다'는 표현은 누구나 공감대를 가질 만한 평범한 스토리를 담아내는 와중에도 주인공이 경험하는 순간을 가장 돋보이게 만드는 매력이 담겨 있다는 거다.

주인공 크리스틴(시얼샤 로넌 분)은 조용한 하루를 보내기 힘들 정도로 매일 같이 사건 사고를 달고 산다. 그녀가 만들어내는 야단법석한 하루는 보는 이들에게 웃음과 재미를 전달하기에 충분하다. 엄마와의 대화가 마음에 들지 않자 달리는 자동차에서 문을 열고 뛰어내린다든가, 강의 중인 선생님에게 강의 내용을 전적으로 부정하는 말을 날려 학교로부터 정학을 당하는 등의 모습은 그 자체만으로 웃음을 가득 안겨준다. 물론 그 속에서도 남자친구와의 연애와 이별, 친구들과의 우정과 낭만을 공유하는 사춘기 소녀의 풋풋한 모습은 까불고 철없는 그대로의 전형적인 모습이지만, 그 속에서 그녀의 인간적인 아름다움을 동시에 느끼게 만드는 장면도 종종 연출된다.

이 작품이 관객들의 따뜻한 사랑을 받은 이유는, 크리스틴을 중심으로 그녀를 둘러싼 많은 이들과의 관계를 여러 시각에서 그려냈기 때문이다. 가정에서는 크리스틴과 가족, 즉 엄마와 아빠, 남매 사이의 관계를 여러 측면에서 읽어냈고, 학교에서는 가장 친한 친구 줄리(비니 펠드스타인 분)는 물론, 그녀가 만나게 되는 대니(루카스 헤지스 분), 카일(티모시 샬라메 분) 등과의 관계를 제시했다. 여기서 중요한 건 각각의 캐릭터가 그녀에게 미치는 영향이다. 엄마 매리언(로리 멧갈프 분)이 언제나 그녀에게 엄격하고 날카로운 잣대를 들이대는 한편, 아빠 래리(트레이시 레츠 분)는 실직을 하고 우울증에 빠지면서도 자식들에게 기회를 만들어주기 위해 뒤로 물러날 줄 아는 인물로 묘사된다. 그러고 보면 그레타 거윅 감독은 그녀가 자신의 인생을 개척해나가는 과정에서 그들의 역할을 크게 조명하며 그녀가 어떤 방향으로 다듬어져 성장해가는지를 세세하게 표현하는 데에 주력한 듯하다.

영화는 흔히 찾아볼 수 있는 한 어린 여고생의 성장 드라마를 드러내고 있다. 하지만 반항심 가득한 사춘기 성장 스토리를 가졌다 할지라도 이 작품 속 시얼샤 로넌의 연기는 좀 더 세밀하고 좀 더 특별하다. 각양각색의 사람들과 함께 여러 사건을 거치는 동안 크리스틴의 감정은 다양한 색깔로 표현된다. 덕분에 그녀는 한 부분 한 부분 곱게 다듬어져 자신만의 성장기를 제대로 맞이한다. 영화의 마지막 장면, 뉴욕 소재 대학에 합격해 도시에 발을 딛게 됐지만 지나온 새크라멘토에서의 생활을 돌이켜 보며 지금까지 자신을 수식해줬던 '레이디 버드'라는 이름을 버리고 스스로 '크리스틴'으로 돌아오는 장면도 그 중 하나이다.

크리스틴(시얼샤 로넌 분)은 엄마의 반대를 무릅쓰고 뉴욕 소재 대학에 합격해 도시에 발을 딛게 됐지만, 지나온 새크라멘토에서의 생활을 돌이키며 자신이 직접 지은 '레이디 버드'라는 이름을 버리고 다시 '크리스틴' 그 자체의 모습으로 돌아오게 된다.

감독이 관객들에게 전달하고자 했던 건 이야기의 '공유'가 아닌 함께 이해하는 '공감'이다. 그녀가 부끄러워했던 새크라멘토에서의 생활은 지금까지 그녀를 채워주었던 과정이었고, 그녀가 거부했던 가족의 따갑고 날카로운 잣대는 그녀에 대한 따뜻한 관심과 진심 어린 사랑이었다. 아무리 새 옷을 바꿔 입어도 나의 흔적을 쉽게 지우지 못하듯이 앞으로 걸어갈 방향도 지금의 내가 만들어야 할 숙제이다. 영화의 당초 제목이 〈엄마와 딸〉이었을 정도로 사실 엄마와의 관계에 좀 더 초점이 맞춰져야 했지만, 실제 영화는 주변과의 다양한 관계와 영향을 통해 성장하는 한 소녀의 내적 성장 이야기를 다루는 데 보다 집중했다. 보다 섬세하고 보다 서정적인 시선으로 이 영화를 천천히 읽어보면 더욱 좋겠다는 생각이다.

04

작은
마음가짐의 변화

〈마스크〉(1994)

"누가 좀 말려줘요."

　뒤숭숭한 세상이 되어버렸다. 조금씩 진정을 찾고 있다고 하더라
도 여전히 수십에서 수백 명씩 확진자가 늘어나는 걸 보면, 코로나
19 바이러스가 우리 생활에 미친 영향력은 무시 못 할 수준인 것
같다. 어느 날 갑자기 우리 삶 속에 찾아든 팬데믹으로 인해 사람들
의 삶은 조금씩 변화되고, 이와 함께 삶을 윤택하게 만들어줬던 문
화도 그 뒤를 잇따르고 있다. 영화계도 예외는 아니다. 개봉을 미룬
영화들이 계속해서 이어지고 있고, 무리하게 예정된 스케줄을 고

집했다가 참담한 실패를 맛보고 있는 작품들도 나오고 있다. 어떤 게 정답인지는 알 수 없지만 분명한 건 결국 피해를 입는 건 관객이라는 사실이다. 덕분에 영화계는 상영관에 걸리는 최신 영화 외에도 집 안에서 즐길 수 있는 다양한 옛 영화들을 다시금 꺼내느라 분주하다. 바이러스 덕분일까, 이와 관련한 옛 영화들을 찾는 이들이 제법 눈에 띈다. 존 브루노 감독의 1999년 작, 영화 〈바이러스〉(1999)라든가, 현재의 상황을 리얼하게 따라가는 스티븐 소더버그 감독의 영화 〈컨테이젼〉(2011), 김성수 감독의 영화 〈감기〉(2013) 등도 그 대표적 사례라고 할 수 있겠다.

그런데 문득 이 상황을 재미난 시각으로 바꿔보면 또 하나의 재미난 영화 한 편을 찾아볼 수도 있다. 외출을 하다 보면 모든 이들이 마스크를 쓰고 다니는 모습을 쉽게 볼 수 있지 않은가. 여기에 힌트가 있다. 마스크, 현재의 사태와 전혀 상관없지만 배우 짐 캐리가 재미난 스토리로 관객들의 웃음 코드를 제대로 파고든 척 러셀 감독의 영화 〈마스크〉(1994)가 그 주인공이다. 스토리만 단순히 살펴보자면 평범한 은행원이었던 스탠리(짐 캐리 분)가 어느 날 우연히 고대 시대의 유물인 마스크를 발견하게 되고, 이를 얼굴에 갖다 대자 초인적인 힘을 가진 히어로로 변신해 악당들을 물리치게 된다는 이야기이다. 사실 이 코믹스러운 히어로 물을 자세히 들여다보면 최근 유행하고 있는 히어로 물에서 많이 다루었던, 즉 하나의 계기를 통해 약자가 강자로 변화되는, 조연에서 주연이 되는, 또는 드러나지 않던 인물이 당당히 사람들 앞에 나서게 되는 그런 변화에 초점을 둔 영화라는 점을 알 수 있다.

우연히 발견하게 된 고대 시대의 유물인 마스크는 평범한 은행원이었던 스탠리(짐 캐리 분)에게 용기를 불어넣어 그로 하여금 자신의 삶을 변화시키게 만든다.

비슷한 사례로 사토 신스케 감독의 영화 〈아이 엠 어 히어로〉 (2015)도 이와 유사한 내용을 다뤘다. 평소 힘없고 보잘 것 없는 삶이라 스스로 여겼던 주인공 히데오(오오이즈미 요 분)가 갑자기 나타난 좀비들로부터 도망치는 과정에서 스스로 용기를 내어 사람들 앞에 나서고 사람들을 구하게 되는 감정의 변화 과정을 디테일하게 그려낸 작품이기 때문이다. 여기서 영화 〈마스크〉와 비슷한 부분은 스탠리에게 '마스크'가 하나의 동기 부여가 됐듯이, 히데오에게도 자신이 늘 가지고 다니던 '산탄총'이 그러한 역할을 했다는 거다. 비록 사용하지는 않았지만 이를 가지고 있다는 이유만으로 그에게 자신감을 불어넣어주고, 그 자신을 변화시키게끔 만들어주는 커다란 작용을 한다는 측면만으로, 이 영화 〈아이 엠 어 히어로〉는 영화 〈마스크〉와 유사한 점이 많다.

그런 점에서 영화 〈마스크〉는 단순히 코믹 요소를 첨가한 히어로 물이라기보다는 한 남자의 내적 성장 드라마를 지향하는 작품이라고 볼 수 있다. 악당들을 대상으로 단순히 자신의 힘을 자랑하는 데 치중하기보다는 '마스크'를 통해 자신의 마음속에 숨겨져 있던 자신감을 되찾고, 이를 계기로 자신의 삶을 변화시키는 과정을 보여주고 있기 때문이다. 웃음기 가득한 오버액션과 지금 보면 조금은 유치하게 보일 수도 있는 특수효과라고 단순히 치부하기보다는 한 인물의 내적 변화 과정을 유심히 살펴보며 우리의 삶과 행동에도 이를 반영해보면 어떨까 하는 생각이다. 바이러스에 지쳐버린 현재의 생활 속에서 마냥 공포에 빠져 움츠러들어 있지 말고, 작은 마음가짐 하나만이라도 공포를 이겨낼 수 있다는 자신감으로 뭉칠 수 있다면, 다시 일어설 수 있는 기회가 왔을 때 보다 빠르고 당당하게 제 자리를 찾아갈 수 있지 않을까. 스탠리와 히데오가 그러했듯이 우리도 자신만의 '마스크'와 '산탄총'을 찾아 어깨를 펴고 나아갈 수 있는 용기를 하루빨리 꺼내게 될 그날이 기다려진다.

우리의 인생은 모두가 한 편의 소설이다

작은 아씨들
(리틀 우먼)

2020.02.12

05

다채롭게 빛나는
그녀들의 유년 시절

〈작은 아씨들〉(2019)

"내 꿈과 네 꿈이 다르다고 해서 중요하지 않은 건 아냐."

꿈은 제약 없이 마음대로 훨훨 날아갈 수 있다는 점에서 사랑스럽다. 그 누구의 눈치 없이 오직 내 마음속에서 나와 함께 성장한다는 건 분명 커다란 매력이다. 그런 점에서 누구에게나 진정 평등한 게 바로 꿈이 아닐까 싶다. 1868년 출간 이후 수없이 많이 리메이크되어 그야말로 불멸의 베스트셀러라는 칭호를 얻고 있는 『작은 아씨들』을 배우이자 감독으로 급부상 중인 그레타 거윅이 그녀다운 연출로 새로운 색깔을 입혔다. 영화의 초반에 나오는 에이미(플로렌스 퓨 분)의 대사, "꿈을 왜 창피해해야 해?"는 당시 사회에 뿌리 깊이 박혀 있는 여성에 대한 편견에 강력한 반기를 드는 말이기도 하다.

갖은 어려움 속에서도 훌륭한 모습으로 자라난 네 자매들은 서로에게 의지하고 노력하며 자신들에게 주어진 환경과 사회적 편견을 극복해낸다.

　　루이자 메이 올커트의 소설 『작은 아씨들』은 오랫동안 다양한 매체를 통해 거듭된 변신을 보여준 작품이다. 소설에서 만화로, 만화에서 영화로 반복된 변신 속에 그때마다 사람들에게 전하고자 하는 메시지 소구점을 제대로 변화시키며 심심한 재미를 안겨주기도 했다. 필자가 어릴 적 텔레비전을 통해 만났던 만화 〈작은 아씨들〉은 시대적 배경과 환경이 주는 갖은 어려움 속에서도 네 자매가 서로에게 의지하며 이를 꿋꿋이 이겨내고 성장하는 그야말로 한 편의 성장 드라마를 제대로 연출한 작품이었다. 네 자매의 개성은 제각기 달라 서로가 부족한 점을 채워주면서도, 한편으로 이를 강점으로 각자의 고난을 헤쳐나가는 과정들이 아동들로 하여금 즐기고 배울 만한 다양한 요소들을 충분히 내포하고 있지 않았나 싶다.

노아 바움백 감독과 함께 한때 미국 독립영화계를 지탱시킨 그레타 거윅은 그녀가 각본을 쓰고 주연을 맡았던 영화 〈프란시스 하〉(2012)와 〈미스트리스 아메리카〉(2015) 등과 같이 주인공이 세상을 바라보고 부딪치는 시각과 용기에 많은 무게를 실었다. 네 자매의 색깔을 분명히 구분시켜 그 개성을 자연스럽게 드러내고, 그들의 조화를 통해 유년 시절의 성장기를 그대로 드러냈다. 하지만 한편으로는, 둘째 조(시엘샤 로넌 분)를 이야기의 중심에 내세워 여성으로서의 사회적 편견을 이겨내고 하나의 사회 구성원으로서 당당히 독립하는 과정을 그려냈다는 해석도 읽어낼 수 있다. 시대적 배경을 끌어안은 채 그 속에서 성장해가는 각각의 색깔을 그대로 드러내기엔 각자가 가진 악센트가 너무나 차이나기 때문이다. 첫째 메그(엠마 왓슨 분)는 배우 지망생이지만 현실의 벽에 부딪혀 꿈을 이어가지 못하고, 셋째 베스(엘리자 스캔런 분)는 착하고 조용하며 얌전하기까지 해 그 존재감을 쉽게 드러내는 성격이 아니다. 막내 에이미는 활달한 성격답게 마지막 반전까지 재미를 전해주지만, 항상 사건의 중심에서 조를 흔들어대는 역할 그 이상도 이하도 아니다.

감독은 이 작품을 통해 당시의 여성상에 대한 사회적 인식을 재조명하고, 그 속에서 여성들이 고난과 편견을 어떤 방식으로 이겨나가고자 했는지를 자신만의 연출 방식으로 표현하고자 했던 것 같다. 그런 점에서 그녀는 '조'에 집중된 지나친 관객들의 관심보다는 네 자매에게 할당된 시각을 평균화시켜 그녀들의 성장 이야기에 재미를 고루 불어넣고자 노력했다. 메그가 자신이 선택한 가난에 익숙해지고, 에이미가 자신의 유년 시절을 채워줬던 로리(티모시 샬라메 분)를 선택한 것처럼, 조 또한 자신과 일생을 함께 했던 글과 가족에 자신의 일생을 담아냈음이 이를 입증한다. 여기에 영화 중반에 흘러나오는 대고모(메릴 스트립 분)가 내뱉은 말, "혼자 힘만으로 살아가는 사람은 없어"는 이들이 혼자일 때보다 함께 할 때 보다 즐겁고 보다 행복하며 보다 아름다웠음을 상기시켜주는 말이기도 하다.

영화는 둘째 조의 시각에서 바라보고 글로써 표현한 네 자매의 아름다운 유년 시절을 풋풋한 영상미로 그려냈다. 여성에 대한 사회적 편견을 극복하기 위해 노력하는 그녀들만의 성장 방식도 그렇지만, 그보다 그러한 사회 속에서 그녀들이 어떤 추억을 만들어내고 어떤 선택을 통해 어떻게 성장해가는지를 아름답게 그려낸 작품이라는 점에서 보는 재미가 쏠쏠하다. 가지각색의 아름다운 색채로 자기가 마주한 한계를 넘어서기 위해 노력하는 그녀들의 유년 시절을 재미있게 바라볼 수 있었던 작품이었기에, 영화가 주는 재미가 한층 더해진다는 생각이다.

06

결혼을 바라보는
새로운 정의

〈결혼이야기〉(2019)

"내 일부는 죽은 게 아니라 잠들어 있었어요."

영화의 시작과 끝은 서로에 대한 사랑과 감정의 여운이다. 묘하게도 내레이션과 화면이 반어적인 것이 관객들의 미소를 자아내게 만든다. 칭찬 같기도 하고 흉을 보는 것 같기도 한 두 사람의 서로에 대한 속마음은 이를 바라보는 관객들의 웃음을 끄집어내는 재주가 있다. 화면 속에서 비치는 그들의 결혼 생활은 너무나 가정적이고 아름답다. 시작이 그렇다는 얘기이다. 이 영화는 '결혼'에 대한 고찰을 드러내지만 사실 화면은 '이혼'에 대한 이야기를 다룬다. 만나는 과정의 소중함을 일깨워줌과 함께 헤어지는 과정의 중요함 또한 소홀히 하지 않는다. 그렇기 때문에 보다 재미를 더하고 말이다. 노아 바움백 감독의 아름답고 사랑스러운 하지만 슬픈 이야기, 영화 〈결혼이야기〉(2019)이다.

영화는 두 사람의 시선을 고루 배분하지만, 시작은 아내 니콜(스칼렛 요한슨 분)의 불편함이다. 뉴욕에서 나름 성공했지만, 그 성공은 자신의 성공이 아닌 극단 대표이자 제작자인 남편 찰리(아담 드라이버 분)의 성공이었다. 니콜은 이렇게 남편의 성공과 자신의 입장을 연신 비교하며 스스로를 나락으로 떨어뜨린다. 변호사 노라(로라 던 분)와 이혼 소송 상담을 하는 과정에서 "내 일부는 죽은 게 아니라 잠들어 있었어요."라고 얘기하는 장면은 그녀의 머릿속을 조금이나마 이해할 수 있는 순간이다.

감독은 결혼 생활과 이혼 과정을 직접 드러내면서 가족의 소중함과 그 의미를 일깨워주기 위해 다양한 메시지를 곳곳에 집어넣어 표현하고자 했다. 두 사람의 사랑은 언제나 그대로였고, 찰리의 한 순간의 잠자리 실수는 표면적인 이유에 불과했을 뿐이다. 결국 그와 그녀의 속마음에는 결혼 생활이 가져온 무언의 부족함, 현재의 생활에 대한 구체적인 불만이라기보다는 '나'라는 존재에 대한 자존감이 분명 전제되어야 함을 일깨워주고 있다 하겠다. 이 작품은 한 부부가 이혼으로 치닫는 과정과 결과에 대한 신파를 보여주기도 하지만, 동시에 사람들에게 '결혼'이 어떤 의미를 지니고 있는지, 그리고 그 무게를 깨뜨리는 과정이 얼마나 힘들고 어떠한 책임을 안겨주고 있는지를 안내하는 부분도 존재한다. 이러한 감독의 의도가 작품의 제목을 '이혼이야기'가 아닌 '결혼이야기'로 정하게 된 이유가 아닐까 싶다.

갑작스레 니콜의 이혼 소송 서류를 받아들게 된 찰리는 어안이 벙벙하다. 그녀가 어떤 생각을 가지고 살아왔는지, 그동안 자신을 어떻게 생각하고 있었는지를 뒤늦게 깨달았다는 데 대한 반성이다. 한바탕 정신적 소동을 겪은 후 두 사람이 아이를 가운데 두고 침대에 누워 책을 읽어주는 장면은 가장 아름다운 가족의 모습을 표현했다. 그때 니콜의 눈에서 눈물이 흘러내리며 "결말을 잊어버렸어."

라고 얘기한 건, 그동안 지속되어 온 결혼 생활에 대한 아쉬움을 우회적으로 드러낸 것이다. 결국 이 상황은 두 사람의 말과 행동, 서로에 대한 감정과 표현에서 비롯된 것이기 때문이다.

영화 〈결혼 이야기〉(2019)는 한 부부가 이혼으로 치닫는 과정과 결과에 대한 신파보다도, 이와 동시에 사람들에게 '결혼'이 어떤 의미를 지니고 있는지, 그 무게를 깨뜨리는 게 어떠한 책임을 안겨주고 있는지를 안내해주는 역할을 한다.

영화의 시작부터 마지막까지 찰리는 일방적으로 당한 이 사태를 수습하고자 다방면으로 애를 쓴다. 극단을 우수한 방향으로 이끌어온 자신의 연출력과 장악력도 하나의 가정을 지켜내는 데는 한없이 부족할 뿐이다. 아내의 마음을 이해하지 못한 건 물론이고, 아들을 받아들이는 데에도 모자라 온통 실수 연발이다. 어쩌면 해피엔딩으로 돌릴 수 있을지도 모르는 영화의 종착역은 결국 우리가 예상하고 있는 방향으로 흘러가지만, 언제나 그렇듯이 '이혼'은 그 겉치레에 불과할 뿐 그들의 마음 속 세밀한 구석구석은 항상 서로에게 향해 있었다. 그게 물론 아들에 대한 양육권을 핑계 삼아 변호사를 통해 감정을 마구 퍼부을 만큼의 화로 표현되기도 하지만 말이다.

배우 로라 던이 아카데미 여우 조연상을 수상했지만, 개인적으로는 이 작품이 지향하는 바를 아주 잘 이끌어낸 배우로 아담 드라이버에게 한 표를 던지고 싶다. 때로는 감정을 억누르기도 때로는 속시원한 폭발력으로 그는 자신이 처한 상황을 충분히 잘 드러냈다. 결혼은 생활을 달리했던 두 남녀가 만나 사랑을 나누고 생활을 함께 하는 단순한 문장만으로 설명되지는 않는다. 서로 생활을 함께 하면서도 한편으로 각자의 개성을 존중해주고 한편으로 서로에게

양보하며 함께 맞춰가는 그런 세심한 부분이 다른 형태의 모습으로 유지되어야 하는 삶의 과정이다. 이러한 과정에서 사소한 부분 하나하나까지도 관객들의 공감대를 얻기 위해 노력한 작품이라는 점에 전혀 이견을 내세울 수 없었다.

07

슈퍼히어로는
별다른 게 아니다

〈킥 애스 : 영웅의 탄생〉(2010)

"나? 아임 힛 걸!"

그야말로 슈퍼히어로 붐이다. 방탄철갑으로 온몸을 무장한 채 엄
청난 힘을 발휘하는 히어로는 물론, 약물의 힘을 빌려 강철의 사나
이가 되어 정의를 구현하고자 애쓰는 히어로도 있다. 흥분하면 녹
색 괴물로 변해 눈앞의 모든 것들을 때려눕히는 히어로도 있는 반
면, 특공무술과 단련된 신체로 나름의 매력을 뽐내며 가장 인간적
인 히어로의 면모를 보이는 이도 있다. 이렇듯 요즘의 영화계는 다
양한 능력을 지닌 슈퍼히어로가 판을 치는 세상이다. 분명 유사한

능력을 가졌거나 똑같지는 않지만, 그 안에서 차별성이나 개개인의 개성을 찾아내는 것도 관객들에게는 버거운 숙제로 다가가는 것 같다.

개인적으로 자신의 능력을 뽐내는 히어로보다 가장 인간적이면서 히어로의 어깨에 놓인 무게를 고민하며 살아가는 이에 관심이 더 간다. 그런 점에서 필자가 좋아하는 캐릭터는 DC의 '배트맨'과 마블의 '울버린'이다. 자신의 운명을 겸허히 받아들이면서도 나를 희생할 줄 알고, 자신의 능력을 과시하지 않으면서도 늘 정체성을 고민하고 제 역할을 하고자 고뇌에 빠지는 모습에서 이 시대 진정한 히어로의 무게를 느끼고 표현하고 있다는 생각이 들기 때문이다. 하지만 그렇다고 해서 히어로가 그 무게에 짓눌려 한없이 우울하게만 있다면 히어로라고 쉽게 부를 수 있겠는가. 고민과 고뇌는 가능하면 깊고 짧은 게 좋다. 때로는 진지하게 때로는 무식하게 현실을 정면으로 마주하면서도 이를 어떻게 대하느냐에 따라 그 고민과 고뇌가 다른 방식으로 해석되고 풀릴 수도 있다.

영화 〈킥 애스 : 영웅의 탄생〉(2010) 속 주인공 데이브(아론 존슨 분)는 힛걸 민디(클로이 모레츠 분)를 만나 노력을 통해 평범함 속에서 특별한 이로 변해가는 과정을 보여준다.

이런 시각에서 눈길을 제법 강하게 잡아당긴 영화가 한 편 있다. 어설프고 웃기지만 한편으로 자신의 정체성에 대해 진지하게 고민하면서도, 올바른 시각으로 사회에 직접 부딪혀보고자 애쓴 작품이라는 생각에서다. 매튜 본 감독의 영화 〈킥 애스 : 영웅의 탄생〉(2010)은 그런 점에서 히어로의 정의를 새로 쓴 작품이다. 이 영화는 재미나게도 마블 코믹스의 작품을 원작으로 하는데, 이를 창작한 마크 밀러는 우리가 잘 알고 있는 〈스파이더맨〉과 〈원티드〉 등을 제작한 원작자이기도 하다. '왜 아무도 슈퍼히어로가 되려고 하지 않는가'라는 영화의 주제를 드러내는 짧은 문장은 단순하지만 강렬한 메시지를 남긴다. 어지럽고 부정부패가 만연한 사회 속에서 왜 누구도 앞에 나서서 부정하다고 외치지 않는지를, 그 벌거벗은 현실을 마구 비틀고 꼬집을 줄 안다.

무엇보다 이 작품은 기존의 유사한 작품들과는 달리, 주인공에게 어떠한 특별한 힘이나 능력을 주지 않고 스스로 살아남기 위한 노력을 함으로써 평범했던 이가 특별한 사람으로 변해가는 과정을 보여준다. 주인공 데이브(아론 존슨 분)는 힘은 없지만 약한 자가 늘 당하고 살아갈 수밖에 없는 현실에 누구보다 강한 불만을 가진 이로 묘사된다. 그의 옆에 힘과 매력을 함께 지닌 민디(클로이 모레츠 분), 일명 '힛 걸'이 나타남은 그에게 인생의 커다란 전환점이 됐다. 누구보다 스스로 해낼 수 있다는 자신감을 심어준 그녀의 아버지 데이먼(니콜라스 케이지 분) 또한 그를 밝은 빛으로 이끄는 역할을 자처한다. 영화는 이들 세 명의 조화만으로 화려한 액션은 물론 제대로 된 메시지를 관객들에게 전달하는데 충분히 성공했다. 슈퍼히어로는 별다른 게 아니다. 우리는 힘에 기대고 화려함에 취한 히어로의 모습을 원하는 게 아니기 때문이다. 진정한 슈퍼히어로는 나를 인정하고 올바른 목소리를 낼 수 있는 진정한 용기를 기반으로 한다는 사실을, 우리는 마음속 깊은 곳의 울림을 통해 누구보다 잘 알고 있어서다. 이러한 진실을 온몸으로 보여준 작품이라는 점에서 이 영화가 남긴 흔적은 제법 강렬했다.

08

한 남자의
외로운 사투

〈바람의 검심〉(2013)

"살인하지 않겠다는 맹세, 바로 역날검이오."

일본 영화에 대한 선입견이 심할 때가 있었다. 한때 마츠시마 나나코 주연의 일본 드라마 〈야마토 나데시코〉(2000)를 즐겨 보던 때가 있었는데, 스토리에 빠져들 만한 장면에 들어서면 꼭 난데없이 나타난 조연 분의 과한 액션이 이야기 흐름을 방해하는 것만 같았다. 비단 이뿐만 아니라 이후에도 접한 대부분의 일본 영화 또는 드라마들이 이런 스타일을 보여줬던 것 같아 개인적으로 지금까지도 아쉬움이 가득하다. 결국 오버스러운 액션과 불필요한 코믹 요소,

화면으로 표현하기에 과한 스토리 등이 한데 섞여 그런 선입견을 형성하는 데 힘을 실어줬던 것 같다.

그러던 중 오래된 선입견을 무너뜨리게 해준 작품들을 만나게 됐다. 츠츠미 유키히코 감독의 〈이니시에이션 러브〉(2015)는 반전에만 치중한 일상적이고 평범한 스토리였지만, 사랑에 대한 정의를 새롭게 해석할 수 있도록 그 여지를 진지한 시선으로 표현했고, 나카에 이사무 감독의 〈냉정과 열정 사이〉(2015)는 지금까지 수차례 계속 찾아 볼 정도로 더할 나위 없는 작품성을 보여줬다. 사토 신스케 감독의 〈아이 엠 어 히어로〉(2015)는 과한 스토리의 원작을 가지고 있음에도 불구하고 그런 부분들이 화면에 강하게 반영되지 않았던 게 영화를 시청하는 데 도움이 됐다.

여기에 또 하나 그런 작품이 있다. 일본 메이지 시대를 배경으로, 한 나라의 발전사와 함께 화려한 검술을 선보이지만 그 안에서 진정한 정의와 사랑을 보여준 작품, 오토모 케이시 감독의 〈바람의 검심〉(2013)이 바로 그것이다.

히무라 켄신(사토 타게루 분)은 오랫동안 사람들을 무자비하게 살해한 자신에 대한 냉철한 시선으로 그에 대한 죄책감과 전쟁 역사가 만들어낸 자신의 아픔을 영화 속에서 온몸으로 드러낸다.

영화는 메이지 시대를 무대로 한 와츠키 노부히로 작가의 만화를 원작으로 한다. 일본 만화 특유의 아기자기한 선으로 캐릭터를 표현하고 있지만, 그 내용만큼은 역사의 아픔을 어떻게 담아내느냐에 충실한 작품이다. 그도 그럴 것이 청소년들이 받아들이기에 다소 무거운 주제를 다루고 있어 이 주제를 어떤 방식으로 표현해 그들에게 쉽게 전달할 수 있을지를 진지하게 고민한 흔적이 엿보인

다. 주인공 히무라 켄신(사토 타케루 분)이 사람들을 어떻게 죽여 왔
는지에 대한 설명과 그에 대한 죄책감, 전쟁 역사가 만들어낸 개인
의 아픔을 표현하고 있는 이 작품은 주인공을 둘러싸고 그 주위에
서 그를 계속해서 괴롭혀대는 역할들을 다양하게 배치해, 스토리
를 과하지도 부족하지도 않게 표현하는 데 성공했다. 영화가 관객
들의 주목을 받은 점은 영화 또한 원작인 만화가 가진 이러한 장점
들을 연기와 연출로 적절히 드러냈기 때문인데, 오히려 이러한 이유
때문에 영화를 바라보는 관객들의 시선에 호불호가 갈리기도 한다.
사람들은 흔히 영화에 기대하는 부분과 만화에 기대하는 부분에
서 차이를 보이기 때문이다.

2013년 개봉한 이 작품은 많은 관객 수를 끌어모으지는 못했지
만 분명 나름의 장점을 가진 작품이다. 일본 영화답지 않게 차분하
면서도 특유의 색감을 제공하고 있기도 하고, 거기에 화려한 액션
과 사무라이의 섬세한 고민을 제대로 묘사했다는 점에서 개인적
으로 원작인 만화가 가지고 있는 가벼움을 반전시켰다고 생각한다.
또 하나 주인공을 둘러싼 인물들의 역할을 다양하고 균형 있게 분

배시켜 인물마다 적절한 역할과 무게를 제공하고, 보는 이들로 하여금 영화에 대한 재미를 느끼게 해준 점도 장점이 됐다. 사랑의 감정 또한 눈에 띄게 드러나는 표현을 절제함으로써 감정을 표현하는 데 세밀한 터치가 있음을 이해할 수 있었다. 서양 영화에서나 볼법한 진한 사랑 하나 없이도 눈빛과 말투, 이를 대하는 감정을 섬세하게 드러낸 점 또한 장점이라는 생각이다. 그렇기 때문에 1편의 성공에 힘입어 3편까지 이어지는 시리즈를 만들어냈다는 점에서 이 영화 〈바람의 검심〉(2013)에 개인적으로 애착이 많이 가는 편이다. 오랫동안 가져온 일본 영화에 대한 선입견을 없애주기도 했지만 무엇보다 화면 곳곳에서 꼼꼼하고 세밀한 손길이 있었음을 느낄 수 있었기에 전쟁과 액션을 다루는 영화치고는 충분히 볼 만한 장면들을 많이 찾아볼 수 있는 구성이라고 생각된다.

09

망토에 담긴
고민과 번뇌

〈맨 오브 스틸〉(2013)

"무엇이 되든 넌 세상을 바꾸게 될 거야."

넓게 펼쳐진 농장의 어느 저편에서 한 소년이 등에 망토를 둘러매고 어색한 표정을 짓고 있다. 소년이 키우는 날카로운 눈빛의 개는 저 멀리 한곳을 응시하며 생각에 빠져 있다. 화면을 바라보는 관객의 입장에서 소년의 모습을 바라보며 순간 어떤 생각이 떠올랐을까. 망토를 등에 걸치고 어색해하는 모습과 먼 곳을 응시하는 사나운 개의 표정이 오버랩 되면서 필자는 나도 모르게 묘한 감정에 빠지고 말았다. 영화를 좋아하는 사람이라면 이 장면이 어떤 영화의 한 장면을 드러내는지 쉽게 알 수 있을 것 같다. 어떤 국가에서는 국가의 정체성과 존립성을 과감히 드러내주는 대표적 자존감의 표본이 되기도 하고 말이다.

넓게 펼쳐진 농장의 어느 저편에서 한 소년이 등에 망토를 둘러매고 어색한 표정을 짓고 있는 그 모습은, 먼훗날 소년이 가지게 될 고민과 어깨에 놓인 무게, 그가 가지고 가야 할 숙명 등을 너무나 잘 표현해주고 있는 장면이 아닐 수 없다.

개인적으로 대학 시절부터 전공이 그렇다 보니 영화학에 대한 관심이 많았다. 당연히 관련 서적과 강의를 수없이 섭렵했었는데, 물론 중간에 광고와 PR로 진로가 살짝 빠지긴 했어도 아직까지 잊지 않고 있는 말이 하나 있다. D대 Y교수님의 조언 중 하나인 "적어도 한 영화를 열 번 이상 봐야 그 내용을 조금이나마 이해할 수 있다." 라는 얘기이다. 그대로 실천하지는 못하고 있지만 그래도 어느 정도 따라가려 노력은 하고 있다는 점에 필자 스스로 자위하고는 한다.

이야기의 장르는 스토리를 가장 잘 드러내는 유일한 겉옷이 된다. 그래서 장르를 해치는 과용 표현을 별로 좋아하지 않는다. 어릴 적 이에 동조하는 시선도 있었지만, 동심은 동심일 뿐이니까 말이다. 그래서 개인적으로 크리스토퍼 놀란 감독의 표현 기법을 좋아하는 편이다. 댄 리바가 연출한 애니메이션 〈저스티스 리그 오브 아메리카〉와 〈저스티스 리그 언리미티드〉를 즐겨보면서 한때 〈이어 원〉에 대한 언급을 한 적이 있다. 그 또한 크리스토퍼 놀란 감독의 그것과 유사한 방향을 느꼈기 때문이었다. 드러내지 못할 부분은 과감히 잘라내고 절제할 줄 아는 연출자라고 생각했다. 그 때문에 아쉬운 점도 물론 나타나기도 하지만 시도 자체로는 성공이라고 아직까지도 생각한다. 뭐든지 계단식 오름이 좋으니까 차기작에 분명 좀 더 발전할 수 있는 여지를 남겼기도 했고 말이다. 이후에 더 발전한 모습을 보여주고 있는 건 사실인 것 같다. 지금의 그의 방향에 박수를 보낸다.

개인적으로 많은 사람에게 모든 내용에는 '장르'가 있다고 얘기한다. 장르의 구분은 그 필요성에 기인한다. 어떻게든 선호의 정도에 따라가기 때문이다. 어떤 장르이건 간에 통할 것은 통하게 되어 있다. 당시에 '피터 파커'에게 걸었던 기대감이 컸었기에 이 또한 그럴 것이라고 생각했었다. 그 미련이 여전했음에도 불구하고 이 소년에게 걸었던 기대가 컸던 이유는 소년의 고민과 번뇌가 처음 언급한 그 장면을 통해 나타났기 때문이었다. 작품의 성공 여부가 훗날 등장한 〈저스티스 리그〉(2017)에 끼친 영향을 생각해보면 당시의 느낌이 다시금 밀려오기도 한다.

결국엔 산업의 활성화로 이어지겠지만 사실 이 한 편의 내용은 한 기업의 흥망성쇠를 좌지우지할 매우 큰 무게를 담고 있었다. 고민과 번뇌, 고통과 눈물, 그리고 그 뒤에는 전 세계로 뻗어갈 수 있는 한 국가의 정체성을 드러내고 있다는 점에서 당시에 사람들에게 던지는 시사점은 매우 컸다. 그럼에도 불구하고 많은 부분에서 아쉬움을 드러낸 건 영화에 대한 기대, 혹은 캐릭터에 대한 기대가 워낙 컸었기 때문이다. 우리는 오랜 시간만큼이나 너무나도 그를 잘 알고 있다. 하지만 그가 가진 고민, 그의 어깨에 놓인 무게, 그가 가지고 가야 할 숙명까지도 잘 이해하고 있다고 할 수 있을까. 그렇기 때문에 어린 소년이 등에 망토 하나를 둘러매고 어색해하는 그 모습에 마냥 박수를 치며 열광만 하고 있을 수는 없을 것 같다. 앞으로 그를 꾸준하게 바라보게 될 것 같다. 그리고 마음속으로 그를 응원해주고 싶다. 그의 이름은 켄트, 클라크 켄트이다. 사람들은 흔히 그를 '슈퍼맨'이라고 부른다.

10

형사는
무조건 잡는 거야

〈인정사정 볼 것 없다〉(1999)

"판단은 판사가, 변명은 변호사가, 용서는 목사가 하고, 형사는 무조건 잡는 거야."

달리는 열차만큼 관객들의 눈길을 사로잡기에 알맞은 배경은 잘 없다. 이유는 각 칸을 이어주는 출입구가 한쪽 방향이라는 점과 열차 칸의 끝을 알기가 매우 어렵다는 점, 그리고 멈춰선 공간이 아니라 역동적으로 달리고 있는 배경이라는 점 때문이다. 여기에 가장 어울리는 스토리는 역시 쫓고 쫓기는 추격전이다. 쫓는 자와 쫓기는 자, 두 사람 간의 관계는 어떤 이야기가 덧칠해지느냐에 따라 그 무게가 한쪽으로 기울어지기 쉽다. 이야기를 읽어나가는 관객의 입장에서는 한쪽에 쏠리는 시선이 편할 수도 있다. 쓸데없는 이야기를 배제한 채 한곳에 집중할 수 있는 시야를 만들 수 있으니 말이다. 열차의 끝이 어디까지인지 모른다는 건 긴장감의 연속이다. 다시 문을 열어젖히고 또 다른 열차 칸에 입성할 때의 그 불안감과 초조함은 달리는 열차만이 전해주는 짜릿한 순간이다.

만약에 이런 요소들을 열차가 아닌 평범한 무대 위에서 구현할 수 있다면 그것만큼 새롭고 즐거운 영상미가 또 있을까? 영화 〈인정사정 볼 것 없다〉(1999)는 캐릭터를 살리는 연출로 쫓는 자와 쫓기는 자의 호흡을 읽어내기 위해 노력한 작품이다. 우 형사(박중훈 분)와 장성민(안성기 분), 두 주인공은 정말 한 번도 멈추지 않은 채 영화의 시작부터 끝까지 전력을 다해 질주한다. 그들이 타고 있는 열차의 종착지가 어디인지도 모른 채 끝없이 마지막 칸을 향해 달려가고 있는 것처럼 말이다. 인물 사이에서 발생하는 긴장감은 어느 한쪽에 치우쳐 이야기가 자연스레 이어지도록 만드는 긴장의 롤러코스터를 형성시키기도 하지만, 이 영화는 그런 부분이 다소 적다. 누가 형사고 누가 범인인지도 헷갈릴 정도로 감정의 공유를 넓게 펼쳐 두 사람 사이의 줄다리기를 팽팽하게 만든다.

여기에 캐릭터 자체가 내뿜는 개성도 상당하다. 배우 박중훈이 맡은 우 형사는 정말 독특한 캐릭터가 아닐 수 없다. 범인을 집으로 데려와 라면으로 유혹하는 기괴한 스타일을 드러내는가 하면, 이명세 감독 특유의 영상미를 더해 옥상 달빛을 맞으며 격렬한 격투의 아름다운 춤사위를 선보이기도 한다. 배우 안성기가 맡은 장성민 또한 살인마이지만 평범한 살인마는 아니다. 추적추적 비가 내리는 부산 중앙동의 40계단 살인 장면은 한 편의 예술로 승화시켰다. 차갑게 내리는 빗소리에 섞여 느릿느릿 그리고 묵직하게 들려오는 비지스의 'Holiday'는 관객들의 귓가에 덕지덕지 엉겨 붙는다. 마치 그림 조각을 이어붙이는 마냥, 아주 천천히 그리고 아주 날카롭게 위에서 아래로 베어지는 칼날과 이마에서 흘러내리는 붉은 피까지도 영화를 보는 내내 잊히지 않을 정도의 강렬한 화면으로 남게 된다.

술집에서 두 사람이 라이터를 가운데 두고 교감을 나누는 장면은 극도의 긴장감이 펼쳐지는 순간이다. 개인적으로 이 장면에서 장성민의 내음이 좀 더 강했다고 생각한다. 그건 이전까지 그가 화려한 옷깃을 제대로 펼쳐낸 장면을 얻어내지 못했다면 이 순간 이후로 자신의 색깔을 제대로 드러내겠다는 의지가 엿보였기 때문이다. 우 형사의 장난스러운 언변과 술집이라는 배경 상 그러한 긴장감이 제대로 펼쳐지지 못했을 뿐, 앞으로 장성민과 우 형사 사이의 제대로 된 대결이 예고되고 있다는 암시를 맛보게 만든 두 사람의 조우가 아니었나 싶다.

여기에 두 사람이 폭우를 뚫고 마지막 결투를 벌이는 장면은 이 영화의 백미이다. 역시 이 영화는 처음부터 끝까지 '비'를 빼고는 얘기하기 어렵다. 쏟아지는 비는 두 사람 사이에 흐르는 짜릿한 전율을 조금은 식혀주는 역할을 하기도 하고, 비가 내리면서 채색되는 뿌연 화면을 통해 둘 만의 결투를 위한 무대를 형성시켜주는 요소가 되기도 한다. 탄광촌을 배경으로 한 이 장면은 서로의 얼굴에 동시에 주먹이 강타되는 장면으로 유명한데, 카메라의 각도와 화면의 속도, 두 사람의 액션과 그로 인해 구성되는 하나하나의 화면이 가히 수채화 한 장 한 장을 떼어 붙인 듯 아름답다. 영화 〈글래스〉 (2018)에서 데이빗 던(브루스 윌리스 분)과 비스트(제임스 맥어보이 분)의 대결이 관객들에게 그토록 원했던 이벤트로 자리매김했듯이, 영화의 초반부터 자신의 자리에서 정상에 서 있었던 둘의 극적인 대결은 관객들이 궁금해했던 결말을 스펙터클하게 제시해주는 좋은 포인트가 됐다.

영화 〈인정사정 볼 것 없다〉(1999) 속 우 형사(박중훈 분)와 장성민(안성기 분)은 누가 형사고 누가 범인인지 헷갈릴 정도로 감정의 공유를 넓게 펼쳐가며 두 사람 사이의 시선 다툼을 팽팽하게 만들어간다.

이 영화는 배우들의 연기, 영상의 아름다움, 귓가에 들려오는 빗소리와 배경을 깔아주는 낮은 음색의 음악 등 여러 측면에서 얘기할 거리를 많이 안겨주는 작품이다. 차근차근 단서를 찾아가며 사건을 파헤치는 침착함과도, 화려한 역동성에 사로잡혀 화면을 시원한 액션으로 가득 채우는 할리우드 블록버스터식 추격전과도 거리가 멀지만, 오히려 한국영화 특유의 진득함이 묻어나 어느 순간 관객들에게 묵직한 한 방을 선사한다는 점에서 이 작품은 놀랍도록 개성 강한 작품이라는 생각이다. 〈영웅본색〉(1986)식 우아함은 없더라도, 〈분노의 질주〉(2001)식 스릴도 없더라도, 화면 곳곳에서 먼지 풀풀 나는 한국식 특유의 구수함을 맛보고 싶다면, 이 영화를 다시 꺼내드는 것도 좋겠다. 물론 시원하게 내리는 장맛비 소리와 묵직한 선율에 빠져드는 비지스의 'Holiday'도 함께 말이다.

11

사랑도 삶도
지금 이 순간

〈어바웃타임〉(2013)

"하루를 두 번 살아봐."

누구나 한 번쯤 평범함을 넘어선 능력을 선망해본 적이 있을 거다. 무지막지한 힘을 가진 초인이 되어 위기에 빠진 사람을 돕기도 하고, 투명인간이 되어 가보지 못한 곳에 대한 호기심을 채워보기도 하고, 하늘을 날아 저 멀리 닿지 못하는 곳에 마음대로 가볼 수 있다면, 이보다 좋은 능력이 또 어디 있을까. 여기에 시간을 마음대로 다뤄 과거의 그때로 다시 돌아갈 수 있다면 마음 속 후회까지도 마구 지워버릴 수 있을 것만 같다. 지금껏 유년 시절을 채워주었던 만화나 영화 등은 이런 순수하고 때묻지 않은 소원들을 간접적으로 채워주는 좋은 자극제가 되어왔다. 최근 마블과 DC의 히어로들이 영화계를 점령해 사람들의 많은 사랑을 받고 있는 것도 이러한 이유와 무관하지만은 않을 것 같다. 다양한 능력을 가진 히어로들이 총집결해 우주 최강의 악당과 싸우는 어벤져스 이야기는 아이들뿐만 아니라 어른들에게도 추억을 돌이킬 계기를 만들어주었다.

비록 상상에 불과하지만 이런 말도 안 되는 상상이 있기에 세상은 지금까지 빠르게 변하고 발전했다. 꼭 히어로가 아니어도 좋다. 영화는 재미있고 다양한 이야기를 다방면에서 품기 위해 이를 새로운 시각에서 해석하기도 한다. 초인적인 힘을 가진다고 해서 나를 희생하여 꼭 세상을 구해야만 할까. 영화 〈N번째 이별중〉(2018)은 여자친구와 헤어지지 않기 위해 타임리프 앱을 발명해 시간을 반복적으로 거스르는 한 천재 소년의 이야기를 다뤘다. 세상을 깜짝 놀라게 할 타임머신을 만들었는데 기껏 여자 친구와의 지속적인 만남을 목표로 하다니. 어처구니없는 영화 같은 발상이지만 그의 입장에서는 가장 거룩하고 중요한 목적을 달성하는 거다. 사랑은 사람이 살아가는 이유이자 인생의 전부니까 말이다. 사랑에 빠지는 순간 아무것도 보이지 않은 채 상대방의 모든 것이 떠오르게 되고 그 느낌이 온몸을 휘감게 된다. 모든 이들이 살아가면서 한 번쯤 겪어보게 되는 가장 위대한 사건이지 않고 무엇이겠는가.

시간을 반복적으로 거슬러 사랑을 쟁취하는 이야기는 또 있다. 로맨틱 코미디 장르에서는 드물게 타임리프를 소재로 재미난 이야기를 만들어낸 영화 〈어바웃 타임〉(2013)은 첫눈에 반한 그녀와의 사랑을 이루기 위해 시간을 여행한다는 단순한 구성의 이야기이다. 하지만 간결한 스토리를 넘어서 이를 꾸며주는 연출과 배우들의 연기, 그리고 가슴 따뜻한 메시지가 조화를 이뤄 많은 이들의 사랑을 받은 작품이기도 하다. 팀(도널 글리슨 분)은 자신의 성인식 날 아버지(빌 나이 분)로부터 해당 가문의 남자가 성년이 되면 시간여행을 할 수 있는 능력이 생긴다는 놀라운 이야기를 듣게 된다. 평소 자신의 사랑을 열심히 찾아왔던 팀은 그의 능력을 이용해 메리(레이첼 맥아담스 분)를 만나게 되고 결혼에 성공한다. 하지만 그의 타임리프 능력이 반드시 원하는 방향으로만 흘러가는 건 아니었다. 그는 자신의 가정을 두고 때로는 자신의 동생과 때로는 자신의 아버지와 함께 삶을 돌아보는 시간을 갖게 된다.

타임리프를 소재로 하고 있지만, 타임리프 그 자체의 능력보다는 가족의 소중함과 삶을 바라보고 대하는 마음, 그리고 자세를 또 다른 시선에서 드러낸다.

이 영화는 타임리프를 소재로 하고 있지만, 능력 자체보다는 가족의 소중함과 삶을 바라보고 대하는 마음과 자세를 보다 중요하게 얘기한다. 결국 타임리프라는 초인적인 능력이나 사랑하는 이와의 만남보다도 삶을 바라보고 받아들이는 시야에 무게를 두면서 팀 스스로 내적으로 성장하는 데 큰 의미를 가진 작품이라고 할 수 있겠다. 시간을 돌릴 수 있는 능력을 통해 팀은 자신이 원하는 삶을 살아보지만 누구에게나 완벽한 시간은 존재할 수 없었다. 조금은 부족하고 아쉽더라도 오늘, 현재, 그리고 지금 이 순간을 소중하게 여기며 최선을 다하는 그 마음이 자신을 행복으로 이끌 수 있다는 사실을 깨닫게 된다. 시간을 돌리는 능력도 중요하지만, 시간을 소중히 여기는 마음이 없다면 반복된 타임리프도 소용없다는 거다. 영화는 타임리프라는 초인적인 능력을 새로운 시각으로 해석해 단순하지만 강렬하고 깊이 있는 메시지를 전달한다. 여기에 도널 글리슨과 레이첼 맥아담스의 통통 튀는 연기는 영화에 생기를 불어넣어 주고 말이다. 새로운 시각으로 시간을 바라보고 삶의 무게를 진지하게 풀어낸 작품이라는 점에서 이 작품은 필자의 삶에도 충분한 흔적을 남겼다.

12

엔진을
살아 요동치게 만든다

〈포드 v 페라리〉(2019)

"무조건 빨리 달리는 게 능사가 아니야."

경쟁은 언제나 우수한 성과를 이끌어낸다. 그것이 반드시 선의의
경쟁이 아닐지라도 라이벌 구도 그 자체만으로 서로를 의식하고 이
를 기반으로 서로를 뛰어넘기 위한 노력을 하게 된다. 긍정적으로
바라본다면 이보다 더 좋은 조건도 드물다. 그런 점에서 이 영화는
재미나다. 대상에 대한 지속적인 탐구가 있었고, 제대로 된 두 사람
을 붙여놓았기 때문이다. 실화를 기반으로 했지만 적절한 조미료를
첨가하는 것도 잊지 않았다. 극을 이끌어가기 위한 요소들을 재미

나게 엮었다는 거다. 스크린에서 '제임스 맨골드'라는 이름을 보는 순간, 필자는 영화 〈로건〉(2017)을 가장 먼저 떠올렸다. 그는 관객들이 스토리를 자연스럽게 받아들일 수 있도록 속도를 조율할 줄 아는 연출자다. 그런 그가 스피드를 다루는 영화의 메가폰을 잡았다는 것만으로도 영화는 충분히 색다른 도전으로 다가온다.

캐롤 셸비(맷 데이먼 분)와 켄 마일스(크리스찬 베일 분)는 평범한 대중적 이미지를 가졌던 자동차 회사 '포드'에게 새롭고 강한 브랜드 이미지를 안겨주는데 일조한다.

영화 〈포드 v 페라리〉(2019)는 1960년대를 배경으로, 매출 불황에 빠져든 자동차 제작사 '포드'가 새로운 판매 활로를 찾고자 레이싱 경주에 뛰어드는 이야기를 그렸다. 포드의 경영주인 헨리 포드 2세(트레이시 레츠 분)는 그들보다 먼저 레이싱 대회를 장악한 '페라리'를 인수 합병하고자 접촉을 시도했다가 오히려 그들의 비웃음을 사며 거절당한다. 이에 포드는 프랑스 르망 24시 대회의 우승자 캐롤 셸비(맷 데이먼 분)를 영입해 페라리를 능가할 자동차 제작에 돌입하게 되고, 캐롤은 이를 위해 레이서 켄 마일스(크리스찬 베일 분)를 찾아가 자신의 도전에 동참해줄 것을 요청한다. 이쯤에서 왜 군이 '페라리'여야 했냐는 질문이 나온다. 제임스 맨골드 감독은 영화의 초반에 포드가 군이 이탈리아의 페라리를 선택해야만 했던 이유를 설명하는 데 많은 시간을 할애했다. 포드는 매출 불황에 빠져든 자신들의 실패 이유를 저가의 자동차를 대량 생산해왔던 그들의 공정 방향에 초점을 맞췄다. 이는 자신들의 생산 시스템 문제보다도 소비자의 마음속에 자리 잡고 있는 회사에 대한 이미지가 분명했기 때문이다. 이와 반대로 페라리는 책임 공정에 따라 소수 생산되며 자신만의 강렬한 색깔을 드러내고 있었는데, 포드는 바로 그러한 페라리의 이미지가 필요했던 것이다.

영화는 캐롤 셸비와 켄 마일스가 함께 레이싱 경주에 적합한 자동차를 만드는 과정과 레이싱 대회에 도전하는 과정을 세밀하게 그려냈다. 그 과정에서 켄이 자동차의 '균형'을 언급하는 모습은 켄의 깐깐하고도 도전적인 정신을 표현하는 장면이다. 그는 운전하는 그 순간에도 무조건 빨리 달리는 게 능사가 아니라며 엔진과 브레이크의 한계를 스스로 느낄 줄 알아야 한다고 얘기한다. 캐롤이 켄을 불독이라고 부른 이유는 이러한 그의 특성을 고려한 애칭이었다. 누구와도 타협하지 않으며 어디에서건 사고를 치는 그의 화끈한 성격과는 달리 운전석에서 만큼은 침착성을 잃지 않고 냉정해지는 태생적으로 레이서임을 나타내는 켄의 성격을 빗대어 드러낸 말이기 때문이다. 그랬던 그가 마지막 골인 장면에서 캐롤이 처한 상황을 끄집어내어 스스로 속도를 줄였던 상황은 자신의 주장보다 타인의 상황을 배려한 유일한 순간이었다. 홀로 달리는 외로움을 느끼고 스스로 기어를 다운시키는 그 장면은 관객들의 탄식을 절로 흘러나오게끔 만드는 영화의 가장 기억에 남는 장면이 아닐까 싶다.

이 작품은 일본 선라이즈사 작가팀 '야다테 하지메' 원작의 애니메이션, 〈신세기 GPX 사이버 포뮬러〉와 닮은 구석이 많다. 단순히 레이싱 대회를 배경으로 젊은 남자들의 도전기를 그렸기 때문이 아니라, 그 안에서 벌어지는 레이서의 도전과 열정, 삶과 인생 등을 외롭고 힘겨운 경주에 빗대어 현실적으로 표현해내고 있어서이다. 영화는 약 2시간 30여 분 정도의 러닝 타임에도 불구하고 마지막 르망 24시 대회에 무려 1시간 정도의 시간을 할애했다. 그 만큼 마지막 대회의 여운을 길게 끌고 가려는 목적이 있었겠지만, 오히려 이는 관객들에게 다소 무거운 짐으로 다가갔다. 스피드를 통해 느껴지는 긴장의 오르내림을 1시간 동안 유지시키는 건 그들에게도 꽤 벅찬 시간이기 때문이다. 여기에 페라리와의 대결이 맥이 빠질 정도로 일찍 막을 내려 관객들에게 긴장을 유지시켜달라는 요청은 다소 무색하기만 하다.

마지막 마무리가 관객들을 절로 숙연하게 만드는 점을 고려한다면 오히려 레이서로서의 인생과 켄의 자동차에 대한 열정에 좀 더 많은 부분을 할애하는 것도 나쁘지 않았을 것이다. 여기에 포드가

레이싱 대회에 참가하는 입장에 보다 객관적으로 접근했다면 더할 나위 없는 작품이 되지 않았을까 생각된다. 영화는 어떤 간섭에도 굴하지 않고 자신만의 레이스를 펼치는 두 젊은이의 우정과 도전을 제대로 그려냈다. 이들의 열정을 과감히 드러내는 데 '스피드'만큼 어울리는 단어가 있을지 모르겠다. 그들이 밟아대는 액셀러레이터가 엔진을 살아 요동치게 만든다. 그게 바로 용기이자 도전이고, 그게 바로 인생이다.

13

스무 살,
그녀들이 가진 고민의 온도

<고양이를 부탁해>(2001)

"누군가가 널 떠난다고 해서, 널 좋아하지 않는 건 아니야."

누구나 그렇듯 고교 시절은 지극히 평범했다. 말썽 한 번 안 피우고 반항 한 번 하지 않은 채 그렇게 뜨거운 청춘의 시기를 넘겼다. 아니, 다시 생각해보면 평범하지 않았다. 모든 이들의 청춘을 사회의 시선에서 바라보면 평범하다고 얘기할 수 있겠지만, 개개인의 인생을 자세히 들여다 보면 그게 어디 쉽게 평범하다고 말할 수 있을까. 차라리 특별하다고 얘기하는 게 낫겠다. 그래, 나의 청춘은 참 특별했다. 성적은 곤두박질, 오르락내리락 롤러코스터를 수없이 탔고, 열심히 공부했다. 하지만 사실 지금 생각해보면 열심히 하지 않은 채 딴 생각을 많이 했던 것 같다. 누구나 그렇듯 결과는 원하는 대학에 가지 못했고 한동안 그 상처를 치유하며 살아야 했다. 대학 입학 후 처음으로 입학 환영을 위한 동문회에 참석했는데, 거기서 친구 한 녀석이 나를 가리키며 여기에 오면 안 됐어야 할 녀석이라고도 했다. 칭찬인지 욕인 건지, 그때는 아무런 생각도 하지 못한 채 청춘은 그렇게 무미건조하게 흘러가버렸다. 지금도 청춘의 성장 드라마를 그려낸 영화들을 보고 있노라면 어릴 적, 아니 젊은 시절의 치기어린 그때 그 시절이 떠올라 한편으로는 아쉬움을, 한편으로는 미소를 머금고 만다.

정재은 감독은 크게 두각을 드러낸 감독은 아니지만 조용하게 꾸준하다. 어느 날 아침에 고양이 녀석이 내 다리에 제 몸을 비비며 냐옹 소리를 내는 순간, 문득 그녀의 작품 한 편이 떠올랐다. 영화 〈고양이를 부탁해〉(2001)는 감독의 스타일답게 조용하지만 꾸준한 인상을 남겼던 작품이었다. 영화는 전형적인 청춘의 성장 이야기를 그리지만, 여타의 성장 드라마와는 달리 시끄럽지도 화려하지도 않은 편이다. 묵묵히 자신만의 이야기를 만들어가는 마냥 조용하고 차분하면서도 개성 강한 색깔을 뽐낸다. 그레타 거윅 감독의 영화 〈레이디 버드〉(2018)가 주변 인물과의 관계를 통해 크리스틴(시엘샤 로넌 분)이라는 인물의 성장 과정을 꽤나 떠들썩하게 조명했다면, 이 영화 〈고양이를 부탁해〉는 언뜻 보면 평범하지만 특별한, 아니 거꾸로 말해 특별하지만 알고 보면 우리 주위를 채워주고 있는 평범한 청춘들의 성장 이야기를 보여주고 있다.

 태주(배두나 분)와 혜주(이요원 분), 지영(옥지영 분)은 제각기 다른 환경에서 각자의 방향에 맞는 방황을 겪고 있다. 혜주는 친구들 사이에서 가장 먼저 취업을 하면서 사회인으로서의 장점을 친구들에게 드러내고 그에 알맞은 조언을 하고자 애쓴다. 하지만 사실 그녀 또한 뒤편에서는 고졸 출신으로서 차별받는 아픔을 숨기고 살아가는 모습이다. 지영은 조부모 사이에서 자라온 환경을 가지며 현실에서 벗어나고자 나름 유학을 향한 꿈과 희망을 간직한 인물이다. 하지만 현실을 넘어 변화하고 싶은 욕구도 화면 속에서 비쳐지는 새까만 제약들에 가로막혀 아픔과 좌절을 맛보는 게 현실이다. 태주는 이들 중 가장 평범해 보이고 안정적인 환경을 드러내지만 그럼에도 불구하고 그 속에서 나름의 방황을 겪으며 계속해서 변화를 추구한다. 영화는 이들 세 사람의 일상을 여러 각도에서 비추며 그녀들의 이야기를 솔직하게 꺼내고 싶어 한다. 그럼에도 세 사람 모두의 속마음을 관객들에게 온전히 펼치는 데에는 상당히 인색한 편이다. 마치 그녀들 사이에 어느 날 갑자기 끼어든 고양이 한 마리처럼 말이다.

정재은 감독은 영화를 통해 청춘이 부딪히는 사회의 냉혹한 현실을 차가운 눈초리로 비판하지도, 그들이 처한 환경을 적나라하게 드러내지도 않았다. 오히려 일반적인 영화와는 달리, 그녀들의 환경에 집중하기보다 청춘의 시기를 견뎌내는 그녀들의 속마음을 엿보는 것에 주력했던 것 같다. 화면은 강한 색깔로 대비되는 그녀들의 개성을 화면에 곱게 담고자 하지만, 알고 보면 모두가 평범한 환경과 평범한 고민에 둘러싸여 있었고, 일반적이고 무료한 듯한 그녀들의 청춘도 자세히 들여다보면 하나하나 특별하고 소중한 꿈을 가지고 있다. 영화의 제목을 장식해준 고양이는 그녀들의 모습과 심정을 대변하는 매개체였다. 불러도 쉽게 다가오지 않고 쓰다듬어도 좀처럼 사랑을 표현하지도 받아들이지도 않는 모호한 태도의 고양이라는 동물은 강한 개성과 함께 속마음을 쉽게 표현하지 않는 그녀들의 청춘을 가장 잘 대변한 모습이 아닐까 싶다.

청춘의 시기를 견뎌내는 그녀들의 속마음은, 알고 보면 모두 평범한 환경과 평범한 고민들로 둘러싸여 있었고, 일반적이고 무료한 듯한 그녀들의 청춘도 하나하나 특별하고 소중한 꿈으로 가득 차 있는 모습이다.

이병헌 감독의 영화 〈스물〉(2014)에서처럼, 친구들 사이의 우정과 방황을 재치 있는 캐릭터로 재미나게 그려냈다면 이 영화가 현재 시점에서 가진 의미가 상당히 다르게 해석됐을 것 같다. 현실감이 떨어지는 측면에서 말이다. 오히려 개인의 고민을 스스럼없이 화면에 투영하고 이를 받아들이는 현실적인 메시지와 태도, 그리고 상대방을 끌어안는 그녀들만의 방식에서 관객들은 이에 동의하고 고개를 절로 끄덕이게 될 것 같다. 아마도 자신들이 살아온 발자국과 너무나 비슷한 길이기에 곳곳에서 표현되는 현실적인 청춘의 모습을 인정할 수밖에 없을 거다. 여기에 여자들 사이에서 발생하는 독특한 느낌의 우정 또한 세세한 느낌으로 표현됐다. 필자가 명확하게 느끼지는 못할지라도 그 기운과 색감만으로도 충분히 강한 인상을 받을 수 있는 부분이라는 생각이다.

그래서 이 영화는 재밌다. 사람들의 좋은 평을 받은 건 물론이다. 흥행과는 무관하지만, 이 영화가 가진 색깔은 때로는 어둡기도 때로는 밝기도, 마치 무지개처럼 화려하지는 않지만 다채로운 그만의 색깔로 캐릭터의 개성을 살리고 분위기를 세밀하게 드러낼 줄 안다. 많은 관객들의 선택을 받지는 못했지만, 영화를 접한 관객들의 느낌을 이끌어내는 데에는 충분하다는 생각이다. 일부의 특정 장면보다도 전반적인 화면 하나하나가 청춘의 시기를 깊게 생각하게끔 만들어주는 작품이기에 오랜 시간이 지난 지금에도, 이 영화가 다시 떠오르게 되는 것 같다.

제 2 장

사랑을
말하다

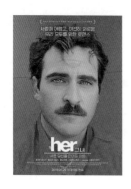

14

대화가 필요해

―――――――

〈그녀〉(2014)

―――――――

"난 당신과 달라요. 그것이 당신을 덜 사랑한다는 말은 아니에요."

사람은 사회적 동물이다. 사람과 사람이 만나 유대관계를 쌓아
가는 건 비단 과거에도 그랬고 현재에도 그렇고 미래에도 그럴 것이
다. 하지만 과학기술의 발전이 이뤄지면서 이러한 명확한 사실조차
점차 금이 가고 있다. 동네에서 공을 차고 고무줄 뛰기를 하며 동심
을 즐기던 어린 시절은 점차 휴대용 게임기와 PC방 컴퓨터를 거쳐
각종 기능이 가득한 스마트폰 앱 등으로 대체되고 있기 때문이다.
연인들의 낭만을 가득 채워줬던 극장 데이트도 90년대 비디오방으

로 잠시 옮겨졌다가 이내 흔한 스마트폰으로 이동하게 된 건 우연이라고만 하기에는 너무나 명확한 기술 발전의 역사에 속한다. 이처럼 우리는 역사적 관점에서 커다란 변화의 소용돌이 속에 냉철하게 놓여 있다. 단순히 기술 발전에 따른 생활의 변화로 국한되는 게 아니라 사람들의 습관, 생활, 더 나아가 생각 자체가 변화되는 그 과정에 들어섰다는 생각에서다.

기술의 발전은 그렇게 세상을 변화시키고 있다. 그리고 사람들의 생활도 바꾸고 사람들의 습관도 움직인다. 이제 동심의 세계는 기성세대에 익숙한 학교 운동장이나 집과 집 사이를 이어준 골목길이 아니라 가정집 소파나 공부방이 되어버렸고, 연인들의 데이트 장소도 극장이 아니라 주변에서 흔히 찾을 수 있는 체인형 카페가 되어버린 지 오래다. 영화 〈그녀〉(2014)는 단순히 보면 한 남자가 새로운 문물을 통해 오랫동안 갈망해온 공허함을 디지털로 채우는 신식 문화의 한 단면을 보여주는 것 같지만, 사실 이를 뒤집어보면 가까운 미래에 우리에게 다가오는 새로운 형태의 삶에 대한 경고다. 필자는 이 작품을 보며 세상의 변화 과정을 냉철한 시각으로 바라보게 되면서도 한편으로 이 영화가 기계와의 진정한 소통을 표현하고 있냐고 누군가 물어본다면 선뜻 답하기 곤란할 것만 같다.

스스로 생각하고 느끼는 인공지능 운영 체제 '사만다(스칼렛 요한슨 분)'의 존재는 내 곁을 공허하게 만들어주는 실제 연인을 대신하는 게 가능하다. 나를 진정 이해하고 나의 말투와 표정을 읽어내고 나의 모든 생활 패턴에 맞춰줄 수 있기 때문이다. 주인공 테오도르(호아킨 피닉스 분)는 이런 사만다를 통해 별거 중인 아내로 인해 생긴 상처를 회복하고 진정한 마음속 행복을 되찾게 된다. 결과론적으로 봤을 때 사만다의 등장과 존재가 테오도르에게 긍정적인 효과를 가져온 건 사실이다. 어떠한 말투와 어떠한 모습으로 테오도르와 소통하고 있는지는 이 순간 중요한 건 아니다. 오히려 그와 진정으로 마음을 나누며 그의 부족함을 채워주고 그가 필요로 하는 부분에 대한 답을 적시에 내놓고 있기 때문이다. 실제 연인도 쉽게 할 수 없는 이러한 부분을 비록 디지털이지만 기계가 해줄 수 있다는 사실은 멀지 않은 미래에 곧 다가올 우리 세상의 단면을 보여준다는 것만으로도 이 영화가 가진 의미가 결코 가볍지 않다.

주인공 테오도르(호아킨 피닉스 분)는 인공지능 운영체제 '사만다(스칼렛 요한슨 분)'를 만나 별거 중인 아내로 인해 생긴 상처를 회복하고 진정한 마음 속 행복을 되찾게 된다.

그럼에도 불구하고 영화의 마지막은 사만다에 대한 긍정적인 모습만 드러내고 있지는 않다. 테오도르가 원했던 건 모든 사람이 공유하는 소통이 아니라 나와 그녀, 즉 테오도르와 사만다 둘만이 공유할 수 있는 소통을 원했기 때문이다. 결국 영화는 사람이 가진 기본적인 욕구를 제대로 지적하면서 아무리 기계가 발달하고 생활 속 불편함을 개선해줄 수 있을지 몰라도 분명 기계가 대신할 수 없는 부분도 있음을 냉철한 시선으로 표현한다. 테오도르가 사만다에게 진심으로 사랑의 감정을 느꼈을지언정, 기술 발달이 그가 진정으로 원했던 환경과 소통의 공유를 형성시켜주는 데에는 부족할 수 있다는 걸 언급하고 있는 것이다. 영화를 보는 내내 미래에 대한 희망과 기대가 부풀어 올랐다면, 영화를 보고난 후에는 다음 세대가 겪을 미래가 두려워졌다면 믿을 수 있을까? 환상적이고 개방적인 미래의 청사진보다 오히려 두려움이 앞서게 된 영화가 아닐까 싶을 정도로 영화 〈그녀〉는 관객들에게 던져주는 메시지가 결코 가볍지 않았다. 물론 배우 호아킨 피닉스와 스칼렛 요한슨의 연기가 그 메시지를 한층 더해준 것도 당연하고 말이다.

15

훼손된 감정을
복원하고 싶을 때

〈냉정과 열정 사이〉(2003)

"나에게는 잊을 수 없는 사람이 있다."

가슴 뭉클한 따뜻한 감성이 느껴지는 영화만을 찾아다닐 때가 있었다. 화면이 정적이면서도 물 흐르듯 흘러가는 그런 작품. 그래서 어쩌면 그토록 속도를 맞추기 힘들고 이해하기 어려웠던 〈팅커 테일러 솔저 스파이〉(2011)와 같은 첩보물조차 내게 어울렸는지도 모르겠다. 이런 스타일의 선호는 멜로물에도 나름 어울렸다. 영화 〈말할 수 없는 비밀〉(2007)도 그랬다. 관람하는 흥은 돋우지 못하지만 적어도 사랑과 우정이라는 감정의 공유를 통해 사람 살아가는 내 음이 따스하게 전달되는 그런 느낌이 들어서랄까. 영화를 보면서 세상을 살아가는 법을 배우는 나의 인생 모토에 딱 맞아 떨어지는 스타일이다. 그런 측면에서 한두 번이 아니라 정말 수차례 찾아봤던, 이제는 몇 번을 봤는지조차 세어보는 걸 잊었을 정도로 많이 봤던 영화가 한 편 있다. 얼마나 봤는지 이제는 각 장면의 특징을 아예 외워버릴 정도니까 말이다.

나카에 이사무 감독의 영화 〈냉정과 열정 사이〉(2003)는 내게 그런 영화이다. 유화 복원사 과정을 수련 중인 쥰세이(다케노우치 유타카 분)의 이탈리아 피렌체 생활은 진하게 정적이다. 화면은 피렌체의 아름다움을 가득 담아내고 있지만 그의 시선은 오직 일에만 몰두해 있다. 어느 새 감정에 냉정해져버린 그는 과거로부터 자유롭지 못하다. 새로운 사람을 만나는 것도 일에 몰두하는 것도 그저 무채색의 하루일 뿐이다. 이와 동시에 아오이(진혜림 분)의 생활도 마찬가지이다. 새로운 인생을 살기 위해 노력하고 있지만 그녀의 하루 또한 뭔가 한 구석이 허전한 마음을 금할 길이 없다. 두 사람은 한때 열정적으로 사랑했었다. 그리고 이제는 서로에게 냉정하기만 하다.

그럼에도 불구하고 그들의 그런 '냉정'과 '열정' 사이에는 서로에 대한 그리움이 여전히 남아 있다. 영화는 요시마타 료의 부드러운 선율의 음악과 함께 아직 그들에게 남아 있는 따뜻한 그리움의 감정을 관객들에게 전하고자 노력한다. 이탈리아 두오모 성당에서의 그들의 약속은 덤이다.

2003년 개봉한 영화 〈냉정과 열정 사이〉는 애초에 두 남녀 작가 '츠지 히토나리'와 '에쿠니 가오리'가 2년 여에 걸쳐 함께 쓴 장편소설을 원작으로 한다. 작품의 특이점은 한 제목의 소설을 두 사람의 작가가 각각 실제 연애하는 마음으로 남녀의 시각과 입장을 대변하는 마음으로 썼다는 점이다. 서로의 마음을 각자의 시각에서 특히 남자와 여자의 입장에서 연출했으니 그만큼 '가장 보통의' 연인들의 마음을 적절하게 나타냈다고 볼 수 있겠다. 영화를 보고 있으면 '피렌체는 과거를 살고 있다.'는 멘트가 흘러나온다. 그리고 주인공 쥰세이는 훼손된 명화를 복원하는 직업을 가지고 있다. 아직도 잊지 못하는 과거를 살아가며 서로에게 냉정해진 그리고 훼손된 열정을 복원하고자 했던 숨겨진 복선이 아니었을까.

쥰세이(다케노우치 유타카 분)와 아오이(진혜림 분)는 한때 열정적으로 사랑했었지만 이제 서로에게 냉정하기만 하다. 그럼에도 불구하고 그들의 그런 '냉정'과 '열정' 사이에는 서로에 대한 그리움이 여전히 남아 있다.

영화의 장점은 일관성이다. 스토리를 풀어내는 데 있어 여러 곳을 거치거나 헤매지 않고 오직 두 사람의 시선에서 서로를 향한 마음을 관객들에게 전달하는 데 화면의 모든 방향이 정해져 있다. 덕분에 관객들은 전혀 혼란 없이 남녀의 마음을 받아들이게 되고, 여기에 더해 그들과 마음으로 소통하게 된다. 만약 이 영화에 〈첨밀밀〉(1996)처럼 다양한 미장센과 효과들을 수시로 집어넣었다면 오히려 화면이 지저분해졌을 것 같다. 이탈리아 피렌체의 아름다운 배경을 영상에 듬뿍 담아놓고도 이를 과하게 드러내지 않은 채 절제한 공간 활용과, 오랜 기간 서로를 그리워하는 남녀의 사랑을 진하게 드러내면서도 배우의 연기에 이에 대한 대사와 행동을 충분히 집어넣지 않았음은 탁월한 선택이라는 생각이다. 이 작품은 넘쳐 과한 것보다 모자란 듯 여백의 미를 살리는 게 더 아름답다. 부족한 점은 부족한 대로 그 자체로도 충분히 남녀의 마음을 이해할 수 있는 영화라는 점에 충분히 공감대를 가질 수 있을 것 같다. 그래서일까, 나이를 먹어갈수록 이러한 사랑에 대한 그리움에 가끔씩 이 영화가 다시 한 번 보고플 때가 있다.

16

세상 밖에서
가족을 만나다

〈좀비랜드〉(2009)

"미안해, 너무 웃겨서. 그래도 슬퍼."

생명력 하나만큼은 참 질기다. 정말 '좀비'라서 그런지 모르겠지만, 좀비물은 세월이 흘러도 심심치 않게 끊임없이 흘러나온다. 필자는 지난해에도 짐 자무쉬 감독의 〈데드 돈 다이〉(2019)를 봤었고, 그전에는 〈부산행〉(2016)과 〈창궐〉(2018)을 접하기도 했다. 또 최근에는 OTT(Over-The-Top)서비스를 통해 인기를 끌었던 드라마 〈킹덤〉이 시즌2를 방영해 인기몰이에 나섰던 걸 본 적이 있으니, 좀비의 매력은 꾸준히 이어지고 있는가 보다. 도대체 '좀비'라는 존재는 어떤 매력이 있기에 사람들의 사랑을 받고 이를 다룬 작품들이 세월을 막론하고 계속해서 쏟아지고 있는 걸까.

개인적으로 필자에게 수많은 좀비 영화 중 독특한 작품 한 편을 말하라면, 조금도 주저 않고 조금 전 언급한 짐 자무쉬 감독의 〈데드 돈 다이〉를 얘기할 것이다. 하지만 만약에 한 편만 더 얘기해보라고 한다면 필자는 이 작품을 떠올릴 수밖에 없다. 루벤 플레셔 감독의 영화 〈좀비랜드〉(2009)는 짧은 러닝 타임 치고는 제법 생각할거리를 많이 만들어주는 작품이다. 그렇다고 함축된 의미를 깊이 내포하고 있다기보다는 공포와 액션, 스릴 등의 전형적인 좀비 영화의 틀을 벗어나 그 속에 인간 본성의 내면과 감정을 공유시켜주는 영화 정도라고 얘기할 수는 있을 것 같다. 어쩌면 아직도 필자가 그 영화의 제대로 된 매력을 찾아내지 못했는지도 모르겠지만 말이다.

스토리가 익숙한 만큼 단순하지만 사실 앞에서 말한 이유 때문에 이해하기 쉽지 않은 부분도 여러 곳이 눈에 띈다. 이를테면, 탤러해시(우디 해럴슨 분)가 트윙키에 집착하는 이유라든가, 수많은 할리우드 배우 중 굳이 왜 '빌 머레이'의 저택을 선택했는지에 대한 부연 설명이 부족한 점 등 말이다. 영화를 보는 내내 이에 대한 설명이 더해지지 않는다면 감독의 전략이 실패한 게 아닐까 하는 생각도 들었다. 단순한 영화의 한순간으로 치부하기엔 뭔가 뜻이 더해졌더라면 더 좋았을 거라는 기대는 당연한 게 아닐까.

물론 표면적인 의미가 드러난 부분도 존재했다. LA로 향하던 중간에 어느 가게에 들러 신나게 몽둥이를 휘두르는 슬로우 모션 장면은 나쁠 게 하나도 없었다. 기존의 질서가 무너진 세상 속에서 정해진 체계가 무슨 소용이 있겠는가. 흔히 수많은 좀비 영화들이 세상의 체계와 질서에 대한 비판을 좀비를 통해 에둘러 표현하곤 하는데, 여기서는 다른 측면에서 이를 냉철하게 비판해 마음에 드는 부분으로 자리 잡았다. 일반적인 좀비 영화들이 겉으로는 인간과 좀비를 구분하지만, 사실상 피에 굶주린 이들은 탐욕에 불타는 인간이었다는, 이제는 제법 익숙하고 식상한 메시지는 한물가버린 게 아닐까 싶다. 그런 점에서 이 작품은 체계를 깨부순다거나 인간의 탐욕을 직접적으로 비판하지는 않아 좋았다. 오히려 화려한 색감과 신나는 오케스트라 연주를 곁들여 기존의 질서가 무너진 세상을 돌려 표현하는 색채가 좀 더 강해보였다. 그 속에서 방구석에 처박혀 있었던 주인공 콜럼버스(제시 아이젠버그 분)가 세상 밖으로 나와 새로운 가족을 만나게 되는 변화를 가진다는 건, 영화 〈아이 엠 어 히어로〉(2015)에서 히데오(오오이즈미 요 분)가 산탄총 하나에 기대어 서서히 변화해가는 모습을 표현한 것과 비슷한 구석도 있다. 결국 자신을 둘러싼 세상은 변화를 맞이하고 있고, 그 변화에 적응하지 못하면 본인 스스로가 잠식당할 수밖에 없음을 스스로 깨닫게 되었기 때문이다.

좀비로 가득한 세상은 물질만능주의와 탐욕으로 가득 찬 세상에 대한 비판이며, 아날로그에서 디지털로 바뀌는 과정에 있어서 사람들 개개인이 변화에 적응해야 한다는 메시지로 비치는 게 일반적이다. 물론 이 영화 〈좀비랜드〉가 러닝 타임 내내 대사나 연기를 통해 일방적인 사회 비판 메시지를 노골적으로 드러내는 건 아니지만, 적어도 살아남은 구성원 모두가 살기 위한 변화를 시도하고 있다는 점에서 이러한 해석도 충분히 가능하다고 본다.

좀비로 가득한 세상은 물질만능주의와 탐욕으로 가득 찬 세상에 대한 비판이며, 아날로그에서 디지털로 바뀌는 과정에 있어서 사람들 개개인이 변화에 적응해야 한다는 낡은 메시지는 이 영화 〈좀비랜드〉(2009)에서는 더 이상 통하지 않는 메시지이다.

한 가지 덧붙이자면 요즘 한창 뜨고 있는 배우 엠마 스톤의 초기 열연을 보는 재미도 있다는 점에, 이 작품 〈좀비랜드〉가 색다른 좀비 영화로 손색이 없다는 생각이다.

17

운명을 거스르는
사랑이란

〈이프 온리〉(2004)

"오늘에야, 비로소 사랑을 알았어."

'운명'은 이미 정해져 있지만, 그 방향을 우리가 예측할 수 없다는 점에 더욱 이끌리는 무언가가 있다. 사람들은 그 가려진 길을 애써 알아내고자 하고 그 노력에 무너지고 다시 무너지기 일쑤다. 필자가 느끼는 '운명'에 대한 사람들의 갈망은 어리석다기보다는 신이 만들 어낸 조화에 감탄을 보내는 기회라고 받아들여진다. 그렇기에 한편 으로 '운명'을 받아들이고 이해하고자 하는 사람들의 시선은 인생 을 보다 재밌게 만들어줄 수 있는 무언가가 아닐까 싶다.

여기 서로 사랑하는 한 남녀가 있다. 무척이나 서로를 사랑하지만 오래된 연인은 그 묵은 시간만큼이나 서로에게 익숙해져간다. 그런데 만약, 이 남녀의 운명이 이미 정해져있다면 그 사실이 그들에게 어떤 의미로 다가오게 될까?

    여기 서로 사랑하는 한 남녀가 있다. 무척이나 서로를 사랑하지만 오래된 연인은 그 묵은 시간만큼이나 서로에게 익숙해진다. 익숙한 건 분명 좋은 것이지만, 어느 순간 이 익숙함이 서로에 대한 소홀함으로 이어진다면 그건 반갑지 않은 결과를 불러올 수밖에 없다. 그런데 만약에 이 남녀의 운명이 이미 정해져 있다면 그게 그들에게 어떤 의미로 다가오게 될까? 영화 〈이프 온리〉(2004)는 사랑의 의미를 미처 깨닫지 못한 주인공이 정해진 운명을 이해하게 되면서 그 운명을 애써 돌리려는 노력을 그린 작품이다. 자신의 눈앞에서 순식간에 사랑하는 연인을 잃게 되는 주인공의 마음을 이해하기란 참으로 어려운 일이다.

사실 자의건 타의건 간에 시간을 거꾸로 돌려 운명을 개척하려는 시도를 하는 이야기는 영화에서 단골 소재로 등장한다. 영화 〈사랑의 블랙홀〉(1993)도 주인공 필 코너(빌 머레이 분)가 정해진 하루가 계속해서 반복되는 시간의 마법에 걸리면서, 자신에게 주어진 시간을 보다 겸허하게 받아들이고 소중히 사용하는 과정을 재미난 이야기와 함께 그린 작품이다. 앤드류 볼러 감독의 영화 〈N번째 이별중〉(2018)은 아예 주인공인 물리학 천재 스틸먼(에이사 버터필드 분)이 운명을 개척하기 위해 타임리프 앱을 발명하면서 어떻게든 여자 친구인 데비(소피 터너 분)와의 사랑을 이어가기 위해 노력하는 모습을 보여주기도 한다. 하지만 이 영화 〈이프 온리〉에서의 이안(폴 니콜스 분)은 앞의 영화들과는 달리 그에게 주어진 시간과 여유가 없다. 자신에게 주어진 운명이라는 건 그토록 사랑해왔던 사만다(제니퍼 러브 휴잇 분)가 곧 죽음을 맞이하게 될 거라는 사실뿐이다.

세상에 운명이란 게 존재한단 걸 깨닫고 자신의 운명을 맞닥뜨렸을 때 그 누구든 그 순간에 어떤 행동을 할 수 있을까? 운명이란 아무도 모르기 때문에 그 의미가 남다르게 다가오는데, 운명을 미리 알고 그 의미를 깨닫게 된다면 그 사람의 운명이 바뀔 수 있을까? 영화 〈이프 온리〉는 관객들에게 운명에 순순히 굴복하지 말 것을 주문한다. 수차례 반복된 기회와 노력에도 불구하고 사만다의 죽음을 막을 수 없다는 사실을 알게 된 이안은 자신과 그녀의 운명을 이해하게 된 그 순간부터 어쩌면 이 운명을 바꾸는 방법을 알게 됐는지도 모른다. 결국 그는 누구와도 바꿀 수 없는 그녀에 대한 사랑을 두고 이에 헌신하며 자신의 목숨과 바꾼다. 익숙한 사랑에 대한 소홀함에서 시작해 운명을 바꾸고자 결심한 그 순간까지 한 장면한 장면 속에서 그만의 방식으로 그녀에 대한 사랑을 그려내는 이안의 모습은 관객의 입장에서 경이롭고 사랑스럽기까지 하다.

하지만 영화는 사랑스럽지만 분명 슬프다. 길 정거 감독이 이 영화를 통해 관객들에게 어떤 메시지를 전달하려 했는지 눈에 빤히 보이는 부분임에도 불구하고, 관객들은 분명 알면서도 그 방식에 있어서 이를 거부할 뿐이다. 자신이 사랑하는 방법을 통해 진정한 사랑이 무엇인지, 그리고 운명을 대하는 방법을 통해 운명을 어떻게 만들어가는 게 진정한 사랑을 표현하는 방법인지를, 감독은 자신만의 특유의 표현법으로 아름다운 영상을 만들어냈다. 필자에게 있어 사랑이 운명임을 깨닫게 만들어준 영화, 〈이프 온리〉였다.

18

천재성 사이에
숨겨진 연약함

〈뷰티풀 마인드〉(2001)

"이 세상에 확실한 것은 없어. 그게 내가 아는 유일한 진리야."

천재들의 삶은 사람들의 이목을 끈다. 평범하지 않은 그들의 무언가는 쉽게 사람들의 관심사가 된다. 유년 시절, 학창 시절, 심지어 그들의 습관과 취미, 가치관까지도 사람들의 입방아에 쉽게 오르내린다. 그런 그들의 삶으로부터 우리는 과연 무엇을 배울 수 있을까. 그럼에도 불구하고 그들 또한 자신의 내면에는 치열한 부딪힘을 겪는 중이다. 이러한 점까지 영화가 이를 잡아내어 표현하는 건 결코 쉽지 않은 부분이다. 이 때문에 많은 감독들은 감정의 공감대를 형

성시키기 위한 하나의 연출 포인트를 잡아내는 데에 심혈을 기울인
다. 제임스 마쉬 감독의 영화 〈사랑에 대한 모든 것〉(2014)이 그랬다.
실존 인물인 스티븐 호킹(에디 레드메인 분)의 천재성을 드러내려 하
기보다는 오히려 병을 맞이함으로 인한 그의 정신적 방황과 극복
을 화면에 담아내는 데 보다 애를 썼다. 여기에 그의 아내 제인(펠리
시티 존스 분)의 헌신까지 함께 조명해 그를 특별하게 만들기보다 평
범한 한 사람으로서 겪게 되는 인간적 생애를 보여주는 데 노력한
작품이 아닐까 싶다.

영화 〈뷰티풀 마인드〉(2001)는 〈사랑에 대한 모든 것〉과 많이 닮
았다. 하지만 후자가 인물의 신체적 고통과 이의 정신적 극복에 신
경을 쓴 반면, 이 작품은 존 내쉬(러셀 크로우 분) 교수를 바라보는 제
3자의 시선과 감정을 카메라에 좀 더 담아냈음을 살펴볼 수 있다.
론 하워드 감독은 인류 역사에 한 획을 그은 천재 존 내쉬의 인생
을 다뤘지만, 비단 그의 천재성과 정신적 방황 그 자체에만 주목하
지는 않았다. 오히려 그의 삶 전체를 고루 비추며 천재성 사이에 숨
겨진 그의 연약한 모습을 드러내는 데 노력했다. 다르게 표현한다

면 그가 겪은 삶의 고통을 이겨내는 과정을 다양한 각도에서 비췄다고 봐도 좋겠다. 영화는 존 내쉬의 천재성과 그가 겪은 조현병, 그리고 이로 인한 정신적 고통과 그런 그를 감싸 안은 아내 알리시아(제니퍼 코넬리 분)의 헌신까지도 그의 한 인간으로서의 매력을 담고자 노력한 작품이다.

　감독은 그의 특별한 천재성을 충분히 드러내고 있지만, 천재성 그 자체에만 집중하지는 않는다. 그에게만 보이고 들리는 존재, 파처(에드 해리스 분)와 찰스(폴 베타니 분) 등의 역할에 무게를 실은 것도 그 때문이다. 허상에 불과하지만 어떤 인물과도 차이를 두지 않고 하나의 역할을 맡겨 존 내쉬가 병을 극복하는 과정, 혹은 정신적 성장이라고 표현해도 좋을 과정을 세밀하게 묘사하는 데 주력했다. 이는 관객들로 하여금 존 내쉬의 내면을 읽어내기 쉽게 만들 뿐 아니라 그의 인생에 대한 몰입을 높여주는 작용을 한다. 결국 그를 한 명의 특별한 천재로 바라보는 것이 아니라, 병을 맞이한 평범한 한 인간으로서의 연약한 부분을 있는 그대로 드러내는 것이고, 이를 이겨내는 과정 또한 '천재'로서의 특별함이 아니라 '존 내쉬'로서의 특별함을 통해 극복했음을 표현하고 싶었던 것이다.

영화 〈뷰티풀 마인드〉(2001)의 론 하워드 감독은 존 내쉬(러셀 크로우 분)의 특별한 천재성 그 자체에만 집중하기 보다는 병을 맞이한 그의 연약함과 이를 이겨내는 평범한 인간으로서의 특별함에 초점을 맞췄다.

우리는 실존 인물을 그려낸 영화들을 수없이 만나며 그 속에서 뭔가 특별함을 찾으려 애를 쓰곤 한다. 영화 속 주인공으로 조명을 받은 것 자체에 어떤 커다란 기대를 보내며 우리와 다른 무언가가 있을 거라는 생각을 한다. 하지만 어떤 면에서는 그조차 그들에게

씌워진 프레임이 될 수도 있겠다. 결국 그들도 평범한 한 사람으로서 똑같이 생각하고 똑같이 생활하며 똑같이 이겨내고 있음을 생각해볼 필요가 있음을, 감독은 이 영화를 통해 그런 메시지를 던졌다. 이 작품을 통해 필자가 얻을 수 있었던 건 그의 천재성도 아니고 투병 생활로 인한 애처로운 감정은 더욱 아니다. 오히려 그가 겪은 내면 변화에 집중해 영화의 시각으로 해석하고 표현할 수 있는 새로운 면을 읽어냈다는 데에 그 의미를 둘 수 있을 것 같다. 한 남자의 힘겨운 일생이지만 그 색깔이 무척 아름다웠던 작품이라는 생각에 앞으로도 여러 번 이 작품을 찾게 될 것 같다.

19

가족이기에
진정 사랑한다면

〈콰이어트 플레이스〉(2018)

"아이들을 못 지킨다면, 그게 무슨 부모야."

연애 이야기를 하자면 쉬지 않고 마구 쏟아낼 수 있다. 연애를 많이 해봐서가 아니라 오히려 그 반대다. 그 놈의 연애가 뭔지, 사랑이 뭔지, 나는 젊은 시절 그 분야에선 한마디로 젬병이었다. 그래서 남녀 간의 사랑 이야기를 꺼낸다면 성공보다 실패한 이야기가 더 많다. 그렇다고 해서 '사랑'을 잘 이해하지 못했냐고 묻는다면 그렇지 않다. 사랑은 누구에게나 애틋하고 누구에게나 섬세하게 다가오니까. 그 과정에는 남녀 간의 사랑뿐만 아니라 서로에 대한 무한한 희생을 전제로 한 다양한 형태의 사랑도 존재하기 때문이다.

영화 〈콰이어트 플레이스〉는 단순히 크리쳐에 의한 공포를 전달하려 하기보다는 가족들이 서로를 어떻게 지켜주고 어떤 방식으로 사랑을 표현하는지에 좀 더 집중했다.

단순 공포 영화를 끄집어내면서 사랑 이야기를 거창하게 언급하는 게 조금 어이없을지 모르겠지만 공포물에서 '사랑'을 얘기하는 것도 쉬운 일은 아니다. 영화 〈콰이어트 플레이스〉(2018)는 단순히 청각이 극도로 발달한 크리쳐로부터 공격받고 살아남은 사람들의 사투만을 그리지는 않았다. 오히려 온몸을 조여 오는 극한의 공포와 함께 그 속에서 가족들이 서로를 어떻게 지켜주고 어떤 방식으로 사랑을 표현하는지를 보여주는 데 집중한 작품이다. 그런 점에서 관객들의 눈에 비치는 크리쳐에 대한 공포는 가족이라는 집단을 둘러싼 사회적 공포로 확대 해석될 수도 있다. 살아가는 순간마다의 여러 상황 속에서 서로가 서로에게 어떻게 다가가고 서로를 어떻게 지켜주며 어떤 역할을 해낼 수 있는지를 보다 입체적으로 보여주는데 집중한 게 아닐까 싶다.

이 영화 〈콰이어트 플레이스〉는 '소리'에 민감한 크리쳐라는 독특한 설정이 주는 참신함이 관객들에게 새로운 재미와 관심을 끌게 만드는 작품이다. '소리'에 집중한 스토리를 풀어내 신선함을 가미했고, 그 속에서 남다른 가족애를 다뤄 감독이 주는 메시지도 나쁘지 않다. 다만 이왕 '소리'를 활용하고자 마음먹었다면 여기에 집중할 수 있도록 그 환경 구성에도 좀 더 배려했다면 더욱 좋았겠다. 이를테면 배경음악도 이에 해당할 텐데, 영화 〈노인을 위한 나라는 없다〉(2007)처럼 아예 음악을 배제시켰더라면 어땠을까. 화면에 보다 집중할 수 있도록 말이다. 사운드에 민감한 영화치고는 은근히 귓가에 울리는 잡음들이 많은 편이다. 영화를 보는 내내 그 점이 무척 아쉬웠다. 영화 초반부터 관객들의 몰입을 확 이끌어내도록 하는 화면과 긴장을 기대처럼 만들어주지 못하는 연출이 못내 아쉽다. 여기에 아이가 태어나 울음소리를 내는 걸 당연하게 고려했다면 임신을 했다는 설정 또한 조금은 어설프다. 한 순간 한 순간이 목숨을 내건 긴장의 연속인데 그 속에서 정상적인 생활을 유지하고 있는 설정이 영화의 개연성을 낮춰 또 하나의 아쉬움으로 남았다.

영화가 초반에 막내를 삭제시켜버린 건 괴물에 대한 공포심을 관객들에게 선사하려는 목적은 아니라는 생각이다. 오히려 가족들에게 하나의 트라우마를 심어줘 사건의 발단을 만들려는 목적이 강했다고 본다. 이 트라우마는 원인을 자신의 탓으로 돌리는 첫째 딸 레건(밀리센트 시몬스 분)의 이유 없는 반항을 야기시키고, 이로 인한 사건의 전개를 적절히 밀고 당기며 일상에 돌을 던지는 역할을 하기 때문이다. 반면에 연출의 미를 살리는 장면도 여럿 존재한다. 이어폰을 통해 음악을 들으며 부부가 함께 춤을 추는 순간은 이 영화만이 표현할 수 있는 독특하고도 아름다운 장면이라는 생각이다.

소리 자체가 없는 공간에서 유일하게 소리를 들으며 소리의 소중함을 깨닫고 표현하는 장면이 됐다. 덕분에 이 짧은 씬이 드러내는 메시지는 그만큼 강렬하다. 요소요소마다 하나의 의미를 두고자 이러한 메시지를 여럿 남기지만 러닝 타임이 짧은 건 아쉬우면서도 적절한 구성이다. 소리를 말하거나 듣지 못하는 상황이 관객들에게 쉽게 적응하기 힘든 환경을 조성한다는 걸 고려한다면 긴장감을 최고조로 끌어냈을 때 과감하게 끊어버리는 것도 나쁘지 않다. 덕분에 이를 시리즈로 이어갈 수 있는 여지도 만들어냈고 말이다.

'소리'에 집중한 영화의 스토리와 구성은 신선한 소재임에도 분명 빈틈이 존재한다. 하지만 가족애를 중심으로 각각의 캐릭터가 가진 개성을 살리고 이를 대상으로 여러 사건을 만들어 하나의 이야기로 이끌어낸 점은 긍정적이다. 폭죽이 터졌을 때 에블린(에밀리 브런트 분)이 참아왔던 고통을 외침으로 표출하는 장면은 영화가 그동안 쌓아왔던 긴장감의 응축된 폭발이다. 개인적으로 필자가 가장 높이 평가하는 장면이 됐다. 거기에 영화 속 크리쳐가 내뱉는 음산한 기계음도 화면 속에서 긴장감을 고조시키고 공간이 가지는 이미지를 구성하는 최고의 역할을 한다는 측면에서, 이 영화는 확실히 스토리뿐만 아니라 여러 측면에서 사운드에 집중한 흔적이 보인다. 영화는 가족 구성원 각각을 조명해 부모로서의 역할과 책임, 아이의 내적 성장과 어른이 되어가는 과정 등을 간접적으로 잘 표현했다. 인물의 감정 변화는 물론 행동의 변화까지도 신경을 쓰고 이로 이어진다는 측면에서 영화가 의미하는 바를 충분히 화면 속에서 표출했다고 본다. 평소에 신경 쓰지 않고 살아가는 이 작은 '소음'이 우리 일상에 어떤 의미로 다가갈 수 있을지 다시 한 번 생각하게 만들어주는 영화라는 생각이다.

20

최고의 콤비는
바로 이런 것

〈최가박당〉(1982)

"손발이 잘 맞는 친구!"

80~90년대는 홍콩 영화가 앞서나간 시기였다. 덕분에 필자가 학교에 다닐 때는 바다 건너 수많은 홍콩 배우들의 활약을 접하는 게 그리 어렵지 않았고 TV 속 연예 소식에는 그들의 사생활에 대한 이야기들이 꾸준히 흘러나왔다. 필자와 비슷한 시기에 그 시대를 접한 이들이라면 당시 학교를 다니면서 홍콩 배우들의 프로필 사진이 입혀진 책받침 하나 정도는 가졌던 기억이 분명 있을 거다. 주윤발, 유덕화, 장국영, 홍금보, 왕조현 등은 당시 홍콩 영화계를 책임졌던

1세대 스타들이다. 당시에 필자가 홍콩 영화에 푹 빠져들게 되었던 건 잘 알려진 무술 실력이나 암흑가 보스의 기운이 물씬 풍기는 속칭 의리로 똘똘 뭉친 분위기 때문도 아니었다. 오히려 배우들이 내뱉는 특유의 감칠 맛 나는 대사와 연기가 묘한 이미지를 형성시켰기 때문인데, 위기 상황에서도 당황하지 않고 흔들리지 않는 연기는 어떤 상황도 웃음과 여유로 승화시킬 수 있는 공기를 조성시켰던 것 같다. 홍콩 영화는 그렇게 나의 젊은 시절에 큰 영향을 미쳤다.

'홍콩 느와르'라는 잘 알려진 단어를 끄집어낸다면 어떤 영화가 가장 먼저 떠오를까? OST의 첫 소절만 들어도 정신이 번쩍 드는 그 유명한 〈영웅본색〉(1986)은 당연히 첫 줄에 오를 것이고, 〈지존무상〉(1989), 〈첩혈쌍웅〉(1989), 〈정전자〉(1989) 등은 모두 같은 해에 나와 그 시기에 홍콩 영화 붐을 지탱시켜주는 든든한 아군들이었다. 느와르를 벗어나 그 범위를 좀 더 넓혀보면 〈천녀유혼〉(1987)과 〈강시선생〉(1985)도 있다. 모두 그 시대 한 장르를 대표할 만큼 지금까지도 회자될 정도의 영향력을 가졌던 영화들이다. 이 인기에 힘입어

배우 주윤발과 왕조현이 출연했던 국내 탄산 우유음료 광고를 필자는 아직도 기억한다.

장황하게 늘어놓았지만, 이들의 틈에 끼여 크게 이름을 떨치지 못했으나 그들 사이에서 하나의 중심축을 담당했던 씬 스틸러도 있다. 배우이자 감독으로 명성을 날렸던 '증지위'는 필자에게 그런 존재였다. 70년대 스턴트맨으로 데뷔해 배우 인생으로는 늦게 꽃을 피웠던 그는 많은 이들이 진가신 감독의 대표작인 〈첨밀밀〉(1996)에서 보여줬던 강한 인상의 캐릭터로 기억하고 있을 테지만, 사실 필자는 그가 연출을 맡았던 홍콩 영화의 대표작 〈최가박당〉(1982)이 가장 먼저 떠오른다. 머릿속에 맥가와 허관걸이라는 걸출한 두 배우의 이름을 새기게 했던 이 작품은 증지위 감독 특유의 코미디 색을 대사와 표정, 연기, 그리고 주어진 스토리의 상황에 절묘하고도 유쾌하게 녹아냈던 작품이다. 홍콩을 무대로 다이아몬드 털이를 하는 도둑 금강(허관걸 분)과 홍콩 경시청의 요청으로 미국에서 돌아온 형사반장 알버트(맥가 분)가 콤비를 이뤄 국제적인 범죄도둑 흰장갑과 다이아몬드를 두고 쫓고 쫓기는 추격전을 벌이는 코믹 재미가 제법 쏠쏠하다.

증지위 감독은 배우로서도 분위기를 유쾌하게 만들 줄 아는 특유의 코믹 대사를 내뱉기도 하지만, 감독으로서도 무거운 주제를 가볍게 덜어내어 관객들이 이를 받아들이는 데 부담 없도록 만들어주는 연출력이 상당하다. 총과 칼, 폭탄 등이 눈앞에 오가고 목숨을 건 추격전이 벌어지는 상황에서도 긴장감은 유지한 채 오직 배우들의 연기를 통해 그 무게를 줄이고 대사를 통해 관객들이 상황을 여유 있게 받아들이도록 배려함은 증지위 감독만이 해낼 수 있는 실력이 아니었나 싶다. 배우들의 대사 자체로도 재미와 웃음이 가득하지만 그 대사를 상황에 알맞게 던지는 배우들의 연기 또한 잘 이끌어낸 건 이 영화만의 매력이다. 그 시절 홍콩 영화를 떠올리면 여느 영화보다도 이 영화 〈최가박당〉이 가장 먼저 떠오르는 건 비단 나뿐만이 아닐 것 같다. 그때 그 시절의 감흥이 때로는 그리울 때가 있다.

21

그 시절,
모두에게 청춘이란

〈쎄시봉〉(2015)

"평생… 너를 위해 노래할게."

몇 년간 주말 시간에 아내 대신 아이들을 돌봐야 했던 적이 있었다. 하루를 보내기 위해 아이들을 데리고 놀이터에 가면 가벼운 운동을 하거나 커피를 마시며 스마트폰을 보는 것 외에는 내가 할 수 있는 게 별로 없었다. 때로는 커피 내음에 취해 음악을 들으며 하늘을 쳐다본다거나 눈을 감고 명상에 잠기기도 했다. 특별히 클래식 음악이나 샹송 또는 재즈와 같은 누가 봐도 뭔가 있어 보이는 그런 개성 강한 음악만을 찾는 건 아니었다. 오히려 장르가 무엇이 됐든

간에 내가 그 속에 얼마나 깊게 빠져들고 얼마나 음악을 깊이 느끼며 생각에 집중할 수 있느냐가 더 중요했던 것 같다.

어느 장소에서건 음악의 아름다운 선율을 귀에 흘리는 것만으로, 그리고 영화의 역동적인 생명력을 쳐다보는 것만으로 아름다운 옛 추억 속 한편의 기억을 찾아 여행을 떠날 수 있다. 이 단순하고도 간단한 행위 하나만으로 '라떼는 말이야'를 쉽게 외치는 많은 이들의 가슴 속에서 지난 과거의 아름다움을 잠시나마 끄집어낼 수 있다면 그건 분명 의미 있는 행위이자 도전일 거다. 그때의 추억을 다시 한 번 눈앞에 가져올 수 있다면 기꺼이 비용을 지불하고 대가를 치를 수많은 사람들이 여기 존재하고 말이다.

어느 때 마찬가지로 국내 음악계에도 한때 포크 음악의 열풍을 이끌어온 이들이 존재했다. 윤형주, 조영남, 송창식, 이장희 등 이름 한 자락 날렸던 이들이 국내 음악계를 주름 잡을 수 있었던 배경에는 당시 무교동에 위치한 음악 감상실 '쎄시봉'이 있었다. 필자도 어릴 적 이들의 음악을 TV를 통해 자주 접하고 자라온 세대에 속한다. 비록 무교동 '쎄시봉'을 직접 찾을 기회는 갖지 못했지만, 한때의 추억을 다시 *끄집어낼* 수 있는 작품, 김현석 감독의 〈쎄시봉〉(2015) 은 필자처럼 지금은 꼰대 취급을 받는 아재들에게는 분명 화려한 청춘의 한 자락을 제시해준다. 그들의 청춘과 젊음이 그대로 남아 그 열기를 온전히 안고 있을 것 같은 생각에, 그 아름다운 추억의 역사를 영상에 그대로 집어넣은 이 작품을 보며 필자는 옛 추억에 쉽게 잠기곤 했다.

이 영화를 보는 가장 큰 재미는 당연히 추억 *끄집어내기*이다. 하지만 과거를 쉽게 공유할 수 없는 요즘 세대에게도 충분히 재미를 안겨줄 만큼 탄탄한 시나리오가 이를 뒷받침한다. 자신의 과거와 직접적인 교감이 없더라도 이야기 자체에 다양한 재미를 불어넣어 그 자체만으로 보는 재미와 읽는 재미를 함께 느낄 수 있도록 구성 했다. 오근태(정우 분)라는 가상의 인물을 추가로 집어넣어 민자영(한 효주 분)을 대상으로 한 사랑싸움에 긴장을 집어넣고, 밀고 당기는 제대로 된 맛을 선사하는 것이 그 대표적 예이다. 영화를 보는 재미 는 그때 그 시절의 추억을 그대로 갖고 오는 것뿐 아니라, 얼마나 그 당시의 분위기를 화면에 있는 그대로 재현하느냐, 그리고 얼마나 재미있는 추억을 다시 한 번 그 느낌 그대로 끄집어내느냐에 달려 있었던 것 같다.

윤형주, 조영남, 송창식, 이장희 등 이름 한 자락 날렸던 이들이 국내 음악계를 주름잡을 수 있었던 배경에는 당시 무교동에 위치한 음악감상실 '쎄시봉'이 존재했다.

영화는 '음악'과 '사랑'을 주제로 청춘남녀의 뜨거운 젊음이 어떻게 완성되어가는지를 충분한 이야깃거리로 채워 관객들에게 풍성한 재미를 선사했다. 한편으로 젊은 세대들에게 따분한 과거의 촌티로 치부되어버릴 수도 있는 요소들을 요즘 감각으로 되살려, 부모 세대의 청춘이 어떤 과정으로 흘러왔는지를 간접적으로 경험할 수 있는 좋은 기회까지 선사했다. 이처럼 영화는 두 세대 모두를 아우를 수 있는 능력을 가졌다. 오랜 시간이 지나도 변치 않는 게 있다면 그건 '청춘'인 것처럼, 과거와 현재의 청춘은 비록 동시대가 아니더라도 교감할 수 있는 여지가 분명 충분한 것 같다.

22

느와르의 역사는
계속된다

〈무간도〉(2002)

"너와는 달라. 난 빛이 안 두렵지."

영화를 보다 보면 의도치 않게 비교를 할 때가 있다. 그건 장면과 장면이 될 수도 있고, 연기와 연기가 될 수도 있다. 영화에 대해 많이 알아갈수록 좀 더 복잡한 연출 기교까지도 쉽게 눈에 들어오지만 사실 직접적으로 비교하자면 끝이 없을 만큼 많은 영화들이 서로를 보고 비교하고 배운다. 한때 우리나라가 영화 〈신세계〉(2012)의 매력에 빠져든 적이 있었다. 예능 프로그램에서 이를 많이 차용하기도 했고 이 영화의 OST가 사람들의 가슴을 뜨겁게 만들기도 했던 것 같다. '어이, 브라더.', '거 죽기 딱 좋은 날씨네.'와 같은 명대사를 남기기도 했던 이 영화, 근데 어디서 참 많이 본 작품이 아닐 수 없다.

원작을 가진 리메이크 작품이 뜨는 시대다. 재미난 건 원작을 뛰어넘는 작품을 찾아보는 게 쉽지 않다는 거다. 분명 리메이크를 한다는 건 그만의 시각으로 작품을 재조명한다는 데 있는데, 감독만의 특별한 방향으로 재해석해내지 못한다면 그건 시도하지 않음보다 못하다. 박훈정 감독은 이를 제대로 간파하고 그만의 시각으로 작품을 재조명해 성공한 케이스가 아닐까 싶다.

그의 영화 〈신세계〉에 많은 이들이 한 표를 던지는 이유는, 그보다 한참 전에 같은 원작을 재조명한 영화와 비교되기 때문일 거다. 마틴 스콜세지 감독이 제작한 영화 〈디파티드〉(2006)는 똑같은 원작을 대상으로 유사한 구성을 만들어냈음에도 불구하고, 국내 관객들에게는 다소 냉정한 평가를 받았다. 동서양의 분위기가 가져오는 정서적 차이도 있었을 테고 감독이 드러내고자 했던 작품의 메시지와 방향성이 다른 곳에 있었을 수도 있겠다. 다만 이를 관객들이 어떤 방식으로 받아들일 수 있는지를 고려해보면, 개인적으로 영화 〈디파티드〉는 좀 더 정서적으로 폭넓은 공감대를 형성할 수 있도록 그 여지를 어딘가에서 만들어냈어야 했다. 분명 똑같은 구성과 줄거리라도 그 차이를 내는 건 연출력에 달렸기 때문이다. 한국식으로 재해석해 구수한 말투와 끈적끈적한 표정 연기로 색다른 매력을 선보였던 〈신세계〉처럼 말이다.

그럼에도 불구하고 원작을 언급하지 않을 수 없다. 앞에서 언급한 두 작품 모두 아무리 뛰어난 연출력과 새로운 구성을 자랑한다고 하더라도 제대로 된 느와르를 표현한 원작을 뛰어넘지 못했다는 데 대해서는 누구도 이견이 없을 것 같기 때문이다. 특히 진영인(양조위 분)의 연기는 경찰로서 한 조직에 오랫동안 침투해 산전수전을 다 겪은 이로써, 그 속에서 평온함과 불안감을 동시에 드러낸 연기를 해냈다는 측면에서 개인적으로 배우 양조위의 인생 연기가 드러나지 않았나 생각된다. 냉정하고도 진중함을 끝내 놓치지 않은 황국장(황추생 분)의 연기도 그에 못지않았다. 죽는 순간까지도 전혀 흔들림 없이 그 눈빛을 잃지 않아 두 주인공에 전혀 부족함 없는 연기를 선보였다는 의견이다.

리메이크 작품인 영화 〈디파티드〉(2006)와 〈신세계〉(2012)는 아무리 뛰어난 연출력과 새로운 구성을 자랑한다고 할지라도 제대로 된 느와르를 표현한 원작 〈무간도〉(2002)를 뛰어넘지 못했다는 데 누구도 이견이 없을 것 같다.

영화는 탄탄한 시나리오와 맥조휘, 유위강 두 감독의 대단한 연출력도 뛰어났지만 이처럼 이를 살려낸 배우들의 노련한 연기력이 보다 돋보였던 영화가 아니었나 싶다. 스토리를 풀어내는 과정에서 서로의 조직에 파고든 스파이의 운명과 그 운명에 걸려 있는 극도의 긴장감이 때로는 차분하게 때로는 마구 요동치며 관객들과 그 호흡을 같이 했다는 표현이 알맞을 것 같다. 이러한 점 때문에 영화는 이야기를 계속해서 확장시킬 수 있었고 거기에 더해 할리우드와 한국 등에서 여러 작품들을 파생시켰다. 앞에서 언급했듯이 여러 작품들이 각자의 해석으로 새로운 표현을 시도했지만 개인적으로는 어느 작품도 원작이 가진 무게를 제대로 담아내지는 못했다. 영화 〈무간도〉는 제목이 뜻하는 의미만큼이나 분명하고도 유일한 매력을 가지고 있기 때문이다. 필자에게 있어 홍콩 느와르의 역사는 아직 끝나지 않았다.

23

그들과 마주한
이 순간

〈미지와의 조우〉(1977)

"하늘을 보며 가슴 설레게 만들던 바로 그것."

유년 시절에 UFO와 조우한 적이 있다고 주장한 '조지 아담스키'
의 저서를 접할 기회가 있었다. 지금은 그 내용이 사실인지 거짓인
지 그 진위를 가리는 것보다도 개인적으로 UFO가 실제 존재했으
면 하는 바람이 더 강하다. 우리와 다른 문명과 지성을 가진 이들과
조우해 이들과 소통한다는 건, 마치 새로운 대륙을 찾아 떠난 콜럼
버스의 마음처럼 생각만 해도 들뜬다고나 할까. 그래서일까, 어릴
적 엄마 손을 꼭 잡고 처음으로 극장을 찾았던 영화 〈E.T〉(1982)는

내게 아직도 기억 속 강한 인상으로 남아 있는 작품이기도 하다. 엘리엇(헨리 토마스 분)을 태운 자전거가 달빛을 받으며 하늘을 날아가는 그 순간은 영화사 측면에서도 그리고 내게도 영화가 이렇게 아름다운 장면을 만들 수 있다는 생각을 갖게 해줬던 것 같다.

다시 조지 아담스키의 이야기로 돌아와, 미확인 물체에 대한 다양한 시각과 해석은 어제오늘의 일이 아니다. 조지 아담스키처럼 실체와 접근을 시도했다는 이들도 수없이 많고 거기에 더 나아가 생체 실험을 당했다는 증언까지 있을 정도이니 말이다. 영화를 제작하는 입장에서 이런 소재는 꽤 구미가 당기는 스토리가 아닐까 싶다. 앞에서 얘기한 영화 〈E.T〉는 이런 미지의 세계로부터 날아온 또 다른 인류에 대한 상상과 기대로부터 시작됐다. 그 동안 많은 작품들이 미지와의 조우에 대해 공포의 대상으로 접근을 시도한 반면, 감독 스티븐 스필버그는 오히려 그들과의 교신 그 자체에 더 주목했다. 영화 〈E.T〉는 물론, 그가 기획을 맡았던 〈8번가의 기적〉(1987), 제작에 참여했던 J. J. 에이브람스 감독의 〈슈퍼에이트〉(2011)에 이르기까지 그는 머나먼 우주에서 찾아온 이들과의 교감에 집중했다.

이러한 경향은 이 영화가 최초의 역할을 했다고 해도 과언이 아니다. 영화 〈죠스〉(1975)로 성공 가도의 첫 시작을 알렸던 그가 오래 전부터 마음속에 품어왔던 꿈의 세계를 영상미로 화려하게 풀어낸 영화, 〈미지와의 조우〉(1977)가 바로 그것이다.

우리 곁에 갑자기 나타난 미확인 비행물체를 두고 과학자와 군인들을 동반한 정부와 이상 현상을 겪은 일반인들이 그들과 교감하는 내용을 담은 이 작품은 앞에서 언급한 대로 그들을 공포의 대상으로 접근하기보다 소통의 대상으로 그려냈다. 로이(리차드 드레이퓨즈 분)가 그들과 교신하는 철길 건널목 장면은 이들의 모습을 직접적으로 표현한 첫 장면이다. 철길 건널목은 두 갈래 방향에서 종류가 다른 인류가 서로 교신하는 위치를 나타낸다. 제각기 다른 길을 걸어온 인류와 미지의 세계와의 첫 만남이라는 점에서 이를 드러내는 최적의 무대를 마련한 게 아닐까 싶다. 여기에 아무런 두려움 없이 그들의 뒤를 쫓는 사람들의 모습은 이들을 대하는 인류의 순수함을 표현했다. 존재에 대한 정체를 확인하고자 하는 게 아니라, 그저 그들을 바라보며 신비로운 빛에 이끌려 감은 우리가 상상하고 원했던 그들과의 첫 만남이 언젠가 이러한 모습으로 이루어질 수 있을 거라는 막연한 꿈을 화면에 그대로 투영한 것이다.

영화는 신비로운 존재에 대한 다양한 해석을 여러 시각으로 동시에 풀어냈다. 정부와 군인, 과학자들이 접근하는 시각과 일반인들이 바라보는 시각을 나누어 표현함은 존재에 대한 해석과 입장에 대한 차이일 뿐이다. 이는 로이의 가족들 간의 대화에서 쉽게 드러난다. 아이들이 아빠에게 UFO가 진짜 있냐고 묻자 엄마가 대신 그런 건 없다고 대답하는 부분이다. 엄마의 단호한 대답에 로이는 왜 그렇게 말하냐고, 얘기를 못 하면 무슨 일인지 아이들이 어떻게 알겠냐며 아내에게 되묻는데, 이는 신비로운 존재를 대하는 일반인들의 시각을 에둘러 표현한 거다. 결국 감독이 UFO에 대한 해석을 확대하는 걸 경계하고 중립을 지키는 것과 동시에 다양한 위치에서의 이를 바라보는 시각을 객관적으로 표현하고자 노력한 부분이 눈에 띈다.

우리 곁에 갑자기 나타난 미확인 비행물체를 두고 과학자와 군인들을 동반한 정부와 이상 현상을 겪은 일반인들이 그들과 교감하는 내용을 담은 영화 〈미지와의 조우〉(1977)는 그들을 공포의 대상으로 바라보기보다는 소통의 대상으로 그려냈다.

인도에서 찾은 음계는 이 영화를 대표하는 장면이자 미지와의 조우를 의미하는 가장 인상 깊은 장면으로 남았다. 이 소리가 어디에서 들려왔는지 물어보는 질문에 모두가 일제히 하늘을 향해 손가락을 들어 올리는 장면은 영화가 보여주는 가슴 뛰는 최고의 명장면이 아닐까 싶다. 하늘에서 들려온 이 소리는 그 자체만으로 그들과의 대화를 시도할 수 있는 하나의 가능성이자 희망으로 비치기 때문이다. 결국 감독은 이성적으로 이를 파헤치려는 정부와 순수한 마음으로 이들에게 다가가려는 사람들의 시각과 입장을 현실적인 측면에서 표현하고자 노력했다. 하지만 마지막 데블스 타워에서의 조우 장면에서는 지금까지 이끌고 왔던 긴장감과 신비감을 가장 객관적으로 해석해 어느 한 쪽으로 치우침 없이 균형을 유지하는 연출의 미도 선보인다.

영화는 서두에서 언급했듯이 초자연 현상에 대한 다양한 시각과 해석을 통해 이에 대한 새로운 접근을 시도한 작품이라는 점에 그 영향력과 가치가 높다는 생각이다. 감독은 '미지와의 조우'라는 하나의 초자연 현상을 가장 객관적이고 순수한 시각으로 바라보고 해석하고자 노력하지 않았나 싶다. 이제는 익숙한 UFO라는 소재에 대해 새로운 설명과 해석이 필요하다면, 어쩌면 오랜 시간이 지난 지금 이 시점에서도 이 작품이 또 다른 영감으로 다가갈 수 있지 않을까.

24

보이지 않는
심연에 대한 해석

〈어비스〉(1989)

"누구나 보고 싶은 것만 보잖아."

미지의 세계에 대한 인류의 갈망은 단순히 갈증 해소를 위해 물을 찾는 그것과는 다르다. 하나는 한계에 봉착한 인류 생존의 문제를 해결하고자 하는 목적이며, 또 하나는 인류가 아직 도달하지 못한 곳에 대한 궁금증의 해소와 연결된다고 하겠다. 사실 이 모든 이유는 지구가 닥친 위기를 벗어나기 위한 해답을 찾고자 하는 표면적 이유도 있지만, 우리 앞에 주어진 물음표에 대한 정답을 찾기 위한 열망이 더 강한 게 사실이다. 그만큼 우주에 대한 상상은 오랫동안 우리 모두를 열광하게 만들었고, 여기에 영화라는 매체 또한 한 몫 거들었음은 물론이다. 현실 속 많은 일들이 과거에 우리가 꿈꿨던 상상을 기반으로 하고 있고, 이러한 상상이 모여 우리에게 그 방향을 제시해줬다는 측면에서 말이다. 상상이 없으면 미래가 없다는 말처럼, 이는 우리가 다음 세대에게 지속적으로 꿈과 희망을 강조하는 이유가 된다.

제임스 카메론 감독은 영화 〈어비스〉(1989)를 통해 생존 한계에 직면한 인류가 해결책을 찾기 위해 우주 또는 심연을 탐사하기보다는, 자기 성찰을 통한 인류의 힘, 즉 사랑에 기반을 둔 인류애를 통해 스스로를 정화시킬 수 있다고 해석했다.

영화 〈어비스〉(1989) 속에서 빛을 내는 정체불명의 생명체는 크게 조명 받는 역할이 아니다. 영화는 긴 러닝 타임 내내 주어진 스토리를 소화하는 데 급급할 뿐 인류가 이해하지 못하는 생명체에 많은 공간을 할당하지는 않는다. 이는 이러한 구성이 결국 감독이 얘기하고자 하는 메시지의 큰 부분을 차지하고 있지 않아서이다. 제임스 카메론 감독은 인류가 갈망하는 미지와의 조우에 있어서 그 목적과 방법이 서로 부합하지 않는다고 생각한 것 같다. 오히려 생존 한계에 직면한 인류가 그 해결책을 찾고자 우주 또는 심연을 탐사하기 보다는, 인류의 자기성찰을 통해 인류가 가진 힘, 즉 사랑에 기반을 둔 인류애를 통해 스스로를 정화시키며 해결할 수 있다고 해석했다.

이러한 해석이 영화를 바라보는 올바른 시각이라고 단정할 수는 없지만, 적어도 하나의 요소로서 그 자리를 차지할 수는 있을 것이다. 이렇게 말하는 이유는 영화가 스토리 전체를 훑어가며 그 짜임새를 드러내는 과정에서, 인간이 사회적 공존 과정에서 느끼고 통제할 수 있는 다양한 감정들을 스스럼없이 드러내는 모습들을 자주 엿볼 수 있었기 때문이다. 거시적으로는 냉전시대를 비추며 정치적인 불안감을 표현하기도 하고, 미시적으로는 다소 독단적이고 개성 있는 성격 간의 충돌이나 남녀 간의 애틋한 사랑을 표현하며 인류가 가진 장점을 공공연히 드러내고 있기도 해서이다. 이렇게 본다면 영화는 겉으로는 SF해양스릴러를 표방하고 있지만, 오히려 감정의 세세한 면을 화면 속에 담고자 애를 쓴 흔적이 많다고 생각된다.

영화는 그 유명한 제임스 카메론 감독의 작품답게 화면 속에서 많은 기술을 선보였다. 특히 영화 〈터미네이터2〉(1991)를 통해 시도했던 모션캡쳐 컴퓨터그래픽 기술을, 조금은 익지 않았지만 이전에 미리 선보이는 모습도 쉽게 찾을 수 있다. 현재 시점에서 이를 다시 보게 되면 분명 부족하고 어설픈 부분도 보이겠지만, 그럼에도 당시에 이러한 시도를 했다는 것만으로도 이 감독만의 도전 정신과 특유의 화면 처리를 살펴볼 수 있다. 영화 〈어비스〉는 80년대 특유의 영화 색을 갖추고 있지만 그 스토리와 구성 면에서 현재의 다수 작품과 비추어 봐도 전혀 밀리지 않을 정도의 짜임새를 갖췄다. 감독의 분명한 메시지를 담고 있으며 화면에서 표현되는 많은 기술들 또한 당시에 획기적인 시도를 했던 부분들이 많다. 인류에게 미지의 공간을 드러내고 해석하고자 하는 노력은 물론 관객들의 볼거리를 충족시켜줄 재미있는 스토리까지 담아냈다는 점에서 이 영화는 시대를 넘어서 아름다운 영화의 한 영역을 차지하기에 부족함이 없다는 생각이다.

25

25

눈에 가려진
사랑에 대한 광기

〈토막살인범의 고백〉(2018)

"우리는 사랑하는 사이였어요."

사랑에 대한 광기는 질투를 넘어선 환희가 된다. 영화를 두고 머릿속에서 자연스레 그려진 문장이다. 평범한 일상 속에서 누구에게나 일어날 수 있는 일을 그렸지만 너무나 놀랄 만한 일을 펼쳐내는 이 작품을 보고 나서 입을 다물 수 없었던 건 결코 거짓이 아니었다. 이 작품은 한마디로 표현하자면 너무나 직설적인 표현과 세심한 묘사로 관객들을 극도의 혼란 속으로 빠뜨리는 재주를 가진 작품이다. 영화를 보고 구역질이 나지 않는다면 그건 거짓말일 것이다. 하지만 감독은 분명 이 작품을 한 남자의 진정한 사랑의 결과로 표현하고자 노력했다. 그렇기 때문에 이 작품을 다른 시각에서 해석한다면 극도의 아름다움으로 대변될 수도 있겠다. 이렇게까지 광기를 머금고 사랑을 할 수 있다는 걸 증명하듯이 말이다. 하지만 그 광기는 지나침의 한도를 넘어선 게 아닐까 싶다. 그 점이 이 작품을 감상하는 재미가 아닐까 생각된다.

제23회 부천국제판타스틱영화제 금지구역 섹션에 공식 초청받았던 라누스 드 파올리 감독의 영화 〈토막살인범의 고백〉(2018)은 필자의 입장에서 여러모로 충격이었다. 단순하고 평범한 일상 속 무료한 스토리와 너무나 어이없게 벌어지는 토막살인 등의 주인공의 동선을 따라 움직이는 행위들은 영화로 받아들이기에는 무언가 부족하고 다큐멘터리로 받아들이기에는 너무나 넘쳐나는 요소들이 많았기 때문이다. 이 영화가 영화제에서 문제작으로 소문이 난 배경은 피트(아담 일드 로웨더 분)가 시체를 처리하는 장면 때문일 것이다. 꽤 어색하고 아마추어적인 단면을 보이지만 건조한 화면과 세심한 표현, 거친 숨소리와 칼질 소리, 그리고 맥없이 떨어져 뒹구는 시체의 머리 등이 영화가 표현하고자 하는 바를 직설적으로 드러낸다. 그럼에도 불구하고 위탁화물을 보낼 때 지문을 없애는 치밀함까지 선사하는 걸 보면 피트의 행위가 결코 부자연스럽다고 얘기하는 건 어렵다. 오히려 평범한 일상 속에서 누구에게나 일어날 수 있는 최선의 방법을 택하고 있음을 눈여겨볼 때, 이 장면에 대한 세밀한 묘사는 오히려 반대의 시각에서 꽤 자연스러움이 묻어난다고 느껴져 감독의 연출력이 보다 놀랍기만 하다.

영화의 원제는 'A Young Man with High Potential'이다. 제목이 표현하고 있는 '잠재력'은 단순히 생각해보면 살인에 있어 잠재력을 가진 이로 간단히 해석될 수 있겠지만, 이를 그의 뛰어난 프로그래머 실력과 연결시켜본다면 촉망받는 프로그래머로서의 잠재력을 인정받은 이가 한순간 벌어진 사고로 완전범죄를 꿈꾸는 범죄자로 쉽게 변할 수 있다는 일종의 의외성과 경이로움을 표현한 것으로 이해될 수도 있겠다. 결국 이 청년은 완벽한 시체 처리를 끝낸 후 마지막 의심에도 태연하게 대처하면서 보다 더 큰 범죄자가 될 수 있는 자질을 보여준다는 점에서 '잠재력'이라는 단어가 가진 의미가 확대된다고 하겠다.

이처럼 피트는 사건을 처리한 후에 완전히 다른 인물로 변한다. 기숙사 방 안에 틀어박혀 밖으로 잘 나오지도 않고 사람들과 부딪히는 걸 싫어하는 성격이었다면, 사건을 처리한 후에는 밖을 자연스럽게 다니고 헤어스타일도 깔끔하게 하고 다니는 모습을 쉽게 볼 수 있기 때문이다. 특히 눈빛은 이전보다 더 힘이 들어가 있고 축 쳐진 어깨가 완전히 펴진 것이 다른 사람이 되었음을 보여준다. 하나의 사건을 완전범죄로 마무리 지음으로써 보다 더 커진 사람으로서의 변모를 드러내는 대목이다. 이는 앞에서 언급한 '잠재력'과 연결되는 부분으로 앞으로 피트가 나아갈 방향에 대한 암시와도 이어질 수 있는 행동일 것이다. 피트의 주변 인물, 친구, 배달원 등을 인터뷰한 화면과 대비시켜볼 때 모두들 그가 그럴 인물이 아니라고 입을 모아 얘기하는 장면은 그의 뒷모습을 비추는 카메라 시선과 더욱 대비되어 표현되고 있기 때문이다.

피트(아담 일드 로웨더 분)는 사건을 처리한 후에 완전히 다른 인물로 변한다. 기숙사 방 안에 틀어박혀 사람들과 부딪히는 걸 싫어하는 성격에서, 밖을 자연스럽게 다니고 헤어스타일도 깔끔하게 하는 등 눈빛에 힘이 들어간 모습으로 변화한 모습이다.

　　그는 평소에 셔우드 숲의 '로빈 후드' 이야기를 하는 걸 좋아했다. 로빈은 의적과 함께 포악한 관리와 욕심 많은 귀족들의 재산을 빼앗고 그들의 횡포를 응징하며 가난한 사람들을 도와준 대표적인 인물이었다. 자신의 정체를 숨긴 채 셔우드 숲을 배경으로 활발히 활동했던 인물이었음을 감안할 때, 앞으로 피트의 행보가 어떤 방향으로 나타날지를 예측하는 건 또 다른 영화의 재미로 다가올 것이다. 분명 끔찍한 사건이지만 어쩌면 눈에 보이는 끔찍함보다 눈에

가려져 보이지 않는 광기가 더한 끔찍함으로 다가온 영화라는 생

각에 절로 몸서리쳐진다.

26

용기가 필요한
당신만을 위한 여행

〈먹고 기도하고 사랑하라〉(2010)

"내 주제어는 아트라베시아모, 함께 건너자."

혼자만의 여행을 떠나본 적이 없다. 그나마 홀로 자취할 때 가까운 산을 자주 오르곤 했었다. 청계산과 관악산은 내 단골 코스로 주말을 홀로 만끽하기에 적절한 장소였다. 누구나 산을 오를 때면 발아래를 자꾸 쳐다보게 된다. 넘어지지 않도록 앞을 살피게 되기도 하고 체력이 떨어져 고개를 숙이는 이유도 있다. 하지만 그보다 정상이라는 자신만의 목표를 향해 발걸음을 재촉하는 이유도 있다. 나는 누구에게나 이런 등산 방식을 추천하는 편은 아니다. 그렇게 발걸음을 재촉해 정상에 오른 후에는 뿌듯함을 느끼게 되겠지만, 그건 산의 꼭대기를 들렀을 뿐 그 산을 올랐다고 볼 수는 없기 때문이다. 산을 오를 때는 앞보다 옆을, 위보다 아래를 살펴야 한다. 천천히 걸음을 내딛으며 내 옆을 지나가는 푸른 잎들과 졸졸 소리를 내는 계곡을 느낄 줄 알아야 한다. 이 산이 어떻게 생겼는지, 어떤 소리를 내고 있는지 직접 보고 듣고 느끼고 나서야 비로소 나는 이 산을 다녀왔구나 하고 스스로 만족하고는 했다.

평소 여행 에세이를 즐겨 읽는다. 책을 읽다 보면 언제나 빠지지 않는 소재들이 있다. 여행지의 풍경과 그곳에서 만난 사람들, 그리고 여행 중에 접한 음식들이 바로 그것이다. 세계 각국의 다양한 장소를 다니며 접하는 것들에 수많은 이야기가 녹아든다는 건 여행을 통해서만 느낄 수 있는 매력인 것 같다. 제각각의 문화를 접하고 그 문화가 고스란히 배어 있는 모양과 맛이 다른 음식을 맛볼 수 있다는 것도 축복이다. 여기에 다양한 국적의 사람들을 만나 그들과 나누고 공유한 대화 또한 여행을 풍요롭게 채워주는 알찬 시간이 되지 않을까. 그래서인지 왠지 혼자 떠나는 여행이 참 매력적이다.

이미 익숙한 사람들과 함께하는 시간들도 충분히 좋은 추억이 될 테지만, 새로운 사람, 새로운 문화, 새로운 환경을 느끼기에 이보다 좋은 기회가 또 있을까 하는 생각에서다. 이런 말을 한다고 해서 내가 그런 기회를 가져본 건 아니지만 말이다. 하지만 나는 줄리아 로버츠의 미소에서 그 감정을 잠시나마 느낄 수 있었다.

라이언 머피 감독의 영화 〈먹고 기도하고 사랑하라〉(2010)는 우리가 살아가는 이유를 계속해서 돌이켜보게 만든다. 세상이 바라보는 '나', 그들이 기대하는 '나'에 대한 틀을 깨뜨리고 진정으로 내가 뭘 원하는지, 내가 바라는 삶이 어떤 것인지를 끊임없이 생각하게끔 말이다. 리즈(줄리아 로버츠 분)는 사람들의 기대로부터 조금도 흐트러지지 않은 삶을 살고 있었다. 작가로서의 삶에 충실했고 남편 스티븐(빌리 크루덥 분)도 전혀 부족함이 없는 사람이었다. 하지만 그녀가 스스로에게 언제나 되묻고 있던 질문은 '내 삶에 과연 만족하고 있는가.'였다. 이럴 때면 흔히 '배부른 소리'라는 쓴소리도 나올 법하다. 거기에 그녀가 모든 걸 내려놓고 홀로 떠나는 여행길은 금전적인 뒷받침이 없으면 쉽게 나설 수 없는 여행이었으니까 말이다.

리즈(줄리아 로버츠 분)는 이탈리아에서 실컷 먹은 후 인도로 여정을 넘겨 마음을 다스리는 법을 찾고자 했다. 하지만 그녀 또한 누구나 그렇듯이 여행이 끝난 후에 다가올 인생을 두려워하고 있었다.

삶 속에서 자신을 찾고자 하는 기폭제가 되는 문장이 참 재밌다. 복권에 당첨되길 바라며 매일 신에게 기도하는 이에게 갑자기 신이 나타나 '인간아, 제발제발제발 복권이나 사고 빌어라.'라고 외쳤다는 내레이션 말이다. 마음만 먹는다고 다 이루어지는 건 아니다. 결국 모든 건 행동하기에 달렸으니까. 오랫동안 견고해진 틀에서 벗어나는 건 대단한 용기를 필요로 한다. 이를 위해 가지고 있는 모든 걸 내려놓을 줄 안다면 그것 또한 대단한 용기다. 리즈는 살찌는 게 두려워 피자에 손조차 대지 못하고 있는 소피(튜바 노보트니 분)에게 계속해서 피자를 권한다. 살찌겠다는 게 아니라 자신을 둘러싼 구속으로부터 벗어나자고 속삭이며 말이다. 두 사람은 그렇게 먹고 싶은 피자를 실컷 먹은 후, 튀어나온 배에 알맞은 사이즈의 옷을 쇼핑하러 길을 나선다.

용기 내어 모든 걸 내려놓고 여행을 떠났던 그녀도 사실 마음이 편치는 않다. 그래서 이탈리아에서 실컷 먹은 후 인도로 여정을 넘겨 마음을 다스리는 법을 찾고자 했던 거다. 그녀 또한 누구나 그렇듯이 여행이 끝난 후에 다가올 인생을 두려워하고 있었다. 그녀의 인도 여행은 한 줄로 요약된다. 자기 자신 안에 있는 신을 발견하는 것. 신이 완벽한 인간을 기대하지 않듯이, 그녀는 기도를 통해 부족한 자신을 인정하고 걱정과 근심을 내려놓고자 한다. 발리로 건너온 그녀의 오랜 여행 끝은 결국 '사랑'이다. 그녀에게 힘겹게 사랑을 고백한 펠리프(하비에르 바르뎀 분)의 손을 붙잡고 '아트라베시아모(같이 건너보자)'를 외치는 그녀의 모습이 다소 어색하긴 하다. 하지만 영화가 던지는 메시지만큼은 간결하고 분명하지 않았나 싶다.

'먹고 기도하고 사랑하라'라는 영화의 제목이 말하고 있는 것처럼, 영화는 우리에게 인생을 정해진 틀에 끼워 넣고 건조한 삶을 살기보다 삶에서 자신을 찾고 만족할 줄 아는 삶을 살기를 권유한다. 이를 위해 많은 걸 내려놓을 줄 아는 용기가 필요하겠지만, 영화는 이조차 깊게 고민하기보다는 행동에 옮겼을 때 모든 게 자연스레 해소될 수 있음을 상기시켜주고 있다. 쉽게 쓰인 문장처럼 행동하기가 쉽다면, 영화가 굳이 힘겨운 메시지를 남기고 있을까. 하지만 적어도 여행을 통해 스스로를 되돌아보는 시간만큼은 권하고 싶다. 그 잠깐의 여유가 새로운 생각과 길을 제시해줄 수 있을 테니까. 다시 한 번 말하지만 이런 말을 한다고 해서 내가 그런 기회를 가져본 건 결코 아니다.

제 3 장

세상을
말하다

27

계층과
계층 사이

〈플란다스의 개〉(2000)

"사람이 개를 죽이는 데 이유가 있냐."

올해 초 여간해선 잘 찾아보지도 않는 미국 아카데미 시상식 장면을 그것도 생중계로 보고 있었던 건 다름 아닌 봉준호 감독의 영화 〈기생충〉(2019) 때문이었다. 방송에서 "Parasite!"가 외쳐질 때마다 나도 모르게 주먹이 불끈 쥐어졌고, 무려 4관왕 수상이 결정되자 기쁨은 놀라움으로 가득 변했다. 도대체 이 영화의 어떤 점이 까다로운 아카데미 평가위원들을 설득시켰을까. 영화의 특징은 계층과 계층 사이의 괴리이다. 서민층의 시각에서 해석하고 접근한 중산층의 모습과 계층과 계층 사이의 괴리감을 냉정하고 과감하게 비틀어 우리 사회에 오랫동안 파고든 빈부격차 문제를 직접적이고 세밀하게 표현한 점이 좋은 점수를 받게 된 이유가 아닐까.

봉준호 감독의 초기 작품인 영화 〈플란다스의 개〉(2000)는 '개'의 상징성보다 '개 짖는 소리'에 보다 집중하게 되는 독특한 연출력을 엿볼 수 있는 작품이다.

사실 이 영화를 통해 한국영화 역사의 반열에 오른 봉준호 감독은 이전부터 여러 작품들을 통해 사회의 계층 구조에 대한 자신의 의견을 강하게 피력한 바 있다. 영화 〈설국열차〉(2013)와 〈옥자〉(2017)

는 모두 미래 사회를 배경으로 흥미롭고 짜임새 있는 스토리를 담고 있지만, 그 내면에는 현실을 마주하는 계층 구분과 이익을 취하려는 집단 사이의 갈등에 좀 더 집중하고 있음을 쉽게 찾아볼 수 있다. 이러한 봉준호 감독의 사회를 바라보는 관점은 사실 그의 초기 작품인 〈플란다스의 개〉(2000)에서도 강한 색채를 띠고 있는데, '개'의 상징성보다 '개 짖는 소리'에 보다 집중하게 되는 그 독특한 연출에 개인적으로 한 표를 던진다.

영화는 시간 강사 윤주(이성재 분)와 아파트 경리직원 현남(배두나 분) 사이에서 발생하는 갈등 요소를 다양한 에피소드와 함께 풀어냈다. 표면적으로는 시간 강사 생활에 지쳐 있는 윤주와 경리직원의 한계를 느끼는 현남의 무기력함을 드러내고 있지만, 사실 그 속에는 사회에 대한 날카로운 비판과 블랙코미디가 가진 웃음 또한 강하게 담고 있다. 이야기의 주축이 되는 강아지 납치 사건은 겉으로 드러나는 하나의 사건에 불과할 뿐, 이를 통해 감독이 주장하는 건 사회 풍자를 담아낸 쓴소리이다. 거기에 각각의 인물들이 맡고 있는 역할은 사회를 구성하는 계층 구조와도 연관을 가진다. 지식

인층을 대표하는 윤주는 사회 부조리를 향한 소리, 즉 개 짖는 소리에 민감한 반응을 보이며 타 계층과의 차별성을 주장하고, 상위계층의 달콤한 제안에도 쉽게 흔들리는 현실적인 측면을 담아낸 인물이다. 서민층을 대표하는 현남 또한 정의를 담아내고 이를 실천하지만 한편으로 자신에게 스포트라이트가 비춰지기를 바라는 계층 이동을 향한 갈망을 간절히 드러내기도 한다.

　이 작품은 '개'를 둘러싸고 다양한 사건들을 전개시키며 여러 이야기를 하나의 메시지로 잘 버무려낸 재미 가득한 영화다. 때로는 스릴러적인 모습도 선보이다가 그 속에 블랙코미디 성격을 띤 웃음을 진하게 제시하기도 하고, 또 한편으로 사회의 계층 구조가 가진 부조리한 측면을 향해 강한 비판을 던지기도 한다. 그만큼 다양하고 무거운 주제를 여러 부분에서 한 번씩 건드리고 가면서 관객들로 하여금 전달하는 메시지를 쉽게 받아들일 수 있도록 여지를 만들어주는 작품이라는 생각이다. 사회 구조에 대한 비판과 인간의 본성에 대한 나름의 분석과 의견을 세밀한 곳에서부터 끄집어냈다는 점에서 봉준호 감독 특유의 스타일이 묻어나는 작품이 아닐까 싶다. 마치 영화 〈설국열차〉에서 열차 칸을 구분지어 계층을 표현하고 인간의 상위계층에 대한 진입 욕망을 우회적으로 표현한 것처럼, 우리 사회가 가진 문제들을 이 또한 신랄하게 비판하고 있다는 점에서 영화로서의 메시지와 그 가치가 충분한 것처럼 말이다. 누구나 알면서도 눈을 감을 수밖에 없었던 아픈 현실을 꼬집는 영화로서 손색이 없다는 생각이다.

28

영화는 무조건
쉬워야 한다

〈더 시그널〉(2014)

"과연 내가 찾고자 한 걸 찾았는가."

　사람들은 항상 얘기한다. "영화는 재밌어야 한다."라고. 전적으로
동의하는 부분이지만, 영화를 즐겨보는 관점에서 나 또한 개인적으
로 확실한 주관을 잡고 있는 부분이 있다. 그건 바로 "영화는 무조
건 쉬워야 한다."라는 거다. 영화를 상대하는 건 관객이고, 관객은
감독의 연출 메시지와 배우의 연기력 등을 충분히 받아들일 수 있
어야 한다는 생각에서다. 그 목적을 달성시키는 배경과 환경을 만
들어주는 건 오롯이 제작진의 몫이다. 결론적으로 영화를 쉽게 만

드는 건 바로 '제작진'이다.

그렇게 본다면 사실 나는 영화에 다양한 틀을 집어넣는 걸 좋아하는 편은 아니다. 미장센, 메타포, 클리셰 등은 어찌 되었건 관객들에게 전달되어야 하는 연출자의 의사도구일 뿐이니까 말이다. 개인적으로 영화 〈더 시그널〉(2014)은 좀처럼 해석하기 어려웠던 영화 〈컨택트〉(2017)만큼이나 그 메시지를 잡아내기가 힘든 영화다. 단순히 스토리만 따라간다면 얼마든지 흥미로운 해석이 가능하지만 연출자의 의도에 보다 세밀히 접근하고자 노력하다 보면 눈에 보이지 않았던 새로운 부분이 가끔씩 나타나기도 한다. 좀 더 쉬운 재미를 추구했다면 어땠을까 궁금증이 더해지는 이유다.

윌리엄 유뱅크 감독은 2014년 시체스 영화제 등 다수의 국제 영화제에서 수상한 바 있는 뛰어난 재원이다. 한때 크리스토퍼 놀란 감독의 뒤를 이을 차세대 감독으로 주목받은 적도 있고 하니, 그의 감각에 대해 궁금해진 것도 사실이다. 솔직히 이 작품 〈더 시그널〉만을 놓고 본다면, 그 평가와 해석은 뒤로 미뤄야 할 것 같다. 작품의 결이 바라보는 시선에 따라 다양하게 표출될 수 있음을 깨달아서이다. 세 명의 젊은이들이 MIT를 해킹한 천재 해커 '노매드'와의 교신을 시도하고, 그의 신호를 쫓다가 낯선 이들과 접촉하는 간결한 내용에 미지와의 조우라는 SF 요소를 강하게 집어넣었다. 감독은 전반적으로 배우의 연기보다 시나리오와 연출에 좀 더 신경을 쓴 게 아닐까 싶을 정도다. 눈에 드러나는 시각 효과와 작품의 반전에 주력하고 있는 것도 느껴지고 말이다. 그래서 영화의 장르 구분이 생각보다 어려웠다. SF와 스릴러, 양쪽 모두 공허한 듯 조금씩 부족하게 느껴지지 않나 싶다.

이 영화가 가진 장점은 관객의 흥미를 이끌어내는 탄탄한 시나리오와 눈에 보이는 특수효과의 독특함이다. 여타의 작품들에서 쉽게 보기 힘든 장면들을 다수 만들어내기도 했다. 거기에 약 94분의 짧은 러닝 타임으로 갖춰진 구성만으로 스토리에 쉽게 빠져들 수 있도록 집중력까지 갖췄다. 반면 영화의 단점은 관객을 수시로 흔들어대는 복잡한 구성이다. 분명한 메시지를 갖췄지만 뭔가를 꽁꽁 싸매듯 쉽게 보이지 않게끔 애를 쓰는 구조를 갖춰 관객들을 헷

갈리게 만든다. 분명 관객들에게 흥미를 불러일으키기 위한 목적이었지만, 관객의 입장에서는 공허한 울림으로밖에 받아들여지지 않을 것 같다. 물론 마지막 5분에 다가가서는 모든 걸 풀어버리는 서비스를 갖췄지만 말이다. 개인적으로 그게 과연 적절한 연출과 시기였는지는 한 번 더 생각해볼 필요가 있다는 의견이다.

윌리엄 유뱅크 감독의 작품 〈더 시그널〉(2014)은 관객의 흥미를 이끌어내는 탄탄한 시나리오와 눈에 보이는 특수효과의 독특함을 더한 화면을 종종 만들어낸다.

다시 보자면 영상의 화려함은 화려함대로, 하지만 반전의 아쉬움은 아쉬움 대로, 눈에 보여주고자 했던 건 참 많았지만 감독이 던진 메시지는 그러한 기교에 갇혀 쉽게 받아들이기 어려웠던 영화가 아닌가 싶다. 그럼에도 이 영화가 한 번 더 보고 싶어지는 건 나도 모를 만큼의 영화의 숨은 매력이 존재하기 때문이 아닐까.

29

두 인생을 산
한 남자

〈노예 12년〉(2013)

"살아남고 싶은 게 아니야. 살고 싶은 거지."

젊을 때 자주 떠나지 못했던 여행에 대한 갈망이 나이가 들어서
생겨버렸다. 어디든 여행을 떠나면 답답했던 마음도 풀리고 생각
을 정리할 기회도 갖게 된다. 새로 만나게 되는 이들과의 대화도 좋
고 여행을 준비하는 과정도 마음을 들뜨게 만든다. 어디가 됐든 그
렇게 여행을 떠나게 되면 절로 발걸음이 가벼워진다. 출발하기 전부
터 콧노래가 나오는 건 아마도 그런 이유 때문일 거다. 비단 새가 되
어 날개를 펴고 하늘을 날아보지 않더라도 자유롭게 마음이 시키

는 방향으로 날아가 내가 원하는 곳에 닿을 때의 그 새로움은 말로 형용할 수 없는 아름다움이다. 이처럼 원할 때 가보고 싶은 곳으로 여행을 떠난다는 건 한마디로 '자유' 그 자체이다. 우리는 이처럼 평소에 자유로운 삶을 살고 있음에도 왜 그렇게 마음을 꽁꽁 닫아버린 채 그 의미와 가치를 쉽게 잃어버리고 사는 걸까. 여기서 말하는 자유가 나를 둘러싼 표면적인 의미의 자유가 아님은 누구나 알고 있다. 마음을 닫는다는 건 표면적인 의미와 반드시 상관관계를 가지는 건 아니니까 말이다. 자유가 차단된다는 건 내가 가진 자유에 대한 지향점을 자연스레 어두운 구석으로 몰아가게끔 만든다. 자신이 원하는 무언가를 해내고자 하는 자유에 대한 갈망이 우리의 삶 속에서 중요하게 다가오는 이유다.

1840년대 미국은 혼란의 격동기였다. 흑인 노예의 수입이 금지되면서 미국 내 자유 주(州)에 속한 흑인들을 몰래 납치해 노예 주(州)로 팔아넘기는 일들이 비일비재했다고 한다. 실존 인물인 '솔로몬 노섭' 또한 이러한 사건의 피해자였다. 그의 굴곡 많은 인생사를 가장 직선적으로 또 악센트 강하게 담아낸 작품, 영화 〈노예 12년〉

(2013)은 그가 겪은 비참한 사회적 현실이자 비극적인 미국 역사를 향한 후대의 강한 경고다.

스티브 맥퀸 감독은 솔로몬 노섭(치웨텔 에지오포 분)의 현실 속 고통을 표현하는 데 주력하기보다는 그가 처한 상황 속에서 희망의 끈을 부여잡고자 애쓰는 그의 자유에 대한 갈망과 확연한 의지를 보다 드러내고자 노력했다.

그럼에도 불구하고 영화는 암흑에 가까운 어두운 현실 속에서 희망의 빛줄기 한 자락을 찾아내고자 애를 쓴 흔적도 보인다. 전혀 아름답게 비치지 않을 그의 노예 인생은 상황을 뒤집어 관객들에게 희망을 향한 한 인간의 삶에 대한 갈구를 아름답게 그려냈다. 말 그대로 그가 겪은 고통만을 직시한 게 아니라, 그 속에서 한 인간으로서 진정으로 바라고 원하는 '자유'에 대한 의미를 관객들에게 넌지시 던질 줄도 알았다는 얘기이다. 자유로운 삶을 영위하던 음악가 솔로몬 노섭(치웨텔 에지오포 분)은 루이지애나의 어느 가정에서 '플랫'이라는 새로운 이름의 노예로 비참한 삶을 살 수밖에 없었지만 다시 자유의 품으로 돌아갈 수 있다는 희망을 절대 버리지 않은 채 꾸준한 노력을 시도한다. 자유를 향한 그의 처절한 노력이 자유가 가진 의미를 되새기게 만들어주었다는 점에서 이 작품이 가진 의미가 남다르게 다가온다고 하겠다.

한 인물의 두 가지 삶의 채색은 누가 봐도 명확히 대비되는 부분이지만, 그가 겪은 자유에 대한 갈망은 그 자체로서 두 삶을 자연스럽게 이어주는 부분이 됐다. 영화는 러닝 타임 내내 한 인물의 아픈 역사를 단순히 되새기는 게 목적이 아님을 화면 곳곳에서 드러낸다. 현실 속 고통에 빠져 스스로 자유를 포기하는 내용이었다면 그 어두운 내면을 들여다보는 것만으로도 관객들은 쉽게 지치고 말았을 거다. 그렇지만 스티브 맥퀸 감독은 화면을 그런 부정적인 요소로만 채우지는 않았다. 오히려 그가 처한 최악의 상황 속에서 어떻게든 희망의 끈을 부여잡고자 애를 쓰는 그의 자유에 대한 갈망, 그리고 확연한 의지를 드러내는 데 노력한다. 주연을 맡은 배우 치웨텔 에지오포는 여러 환경을 가진 주인들을 거치며 그 과정 속에서 실존 인물인 '솔로몬 노섭'이 어떻게 희망을 유지하고 자유를 획득하려 했는지 그 과정을 드러내려 온몸으로 노력했다. 한 인간의 아픈 역사를 되짚고 사회 제도를 향해 쓴소리를 날리는 데 주력한 모습도 그렇지만, 그보다 자유의 진정한 의미가 무엇인지, 자신만의 방식으로 그 자유를 성취하는 과정을 그려내는 데 집중했다는 점에서, 이를 접할 때마다 그 의미가 새롭게 받아들여지는 건 어떤 면에서 자연스러운 일인 것 같다.

30

실화에 재미까지 더해져
더욱 풍성해진

<블랙머니>(2019)

"여기 증거가 있습니다. 국민들 앞에 고발합니다!"

한창 대학을 다니던 시기에 IMF 사태가 일어났었다. 상아탑이라
는 안전한 공간에서 보호받았기 때문인지는 몰라도, 사회가 어떻게
흘러가고 개인이 어떻게 무너지는지에 관심을 가지지 못했다. 만약
에 이를 직접적으로 마주했다면 이를 다룬 영화를 바라보는 시선
도 달랐을 것 같다. 금융부도 사건이나 금융사기 사건이나 국민들
에게 어렵게 다가가는 건 사실 마찬가지다. 이 작품을 처음 대했을
때 딱 떠올랐던 작품이 바로 최국희 감독의 영화 <국가 부도의 날>

(2018)이었다. 단순히 금융범죄 사건을 다룬다는 내용적인 측면 때문만은 아니다. 오히려 어려운 내용을 관객들에게 풀어내야 하는 해석의 묘미를 갖춰야 한다는 이유가 우선적이었다. 이 영화 〈블랙머니〉(2019)도 실화를 기반으로 한다는 점을 떠나서 영화 〈국가 부도의 날〉 못지않게 초반부터 아무런 설명 없이 맥락 없이 사건을 벌여놓아 관객들을 당황스럽게 만든다. 초반부터 전개 속도를 빨리해 내용을 받아들이기가 무척 부담스럽지만, 30여 분이 지난 후부터는 사건을 정리시켜주는 여유도 제공하는 등 관객들을 배려해주는 친절을 베풀기도 한다.

영화는 실제 있었던 실화를 다루고 있다는 점에서 모든 부분에서 조심성을 드러낸다. 카메라 시선도 보수적이고 연기도 과감하지 않고 정석을 따른다. 덕분에 불필요한 화면을 최대한 배제시켰다. 이게 좋지 않은 방법이라는 말이 아니다. 오히려 어려운 상황을 특별한 해설 없이 관객들에게 이해시킬 수 있는 가장 좋은 방법이라는 생각이다. 그럼에도 불구하고 스토리 상 배우의 동선은 이해하기 쉬운 방향으로 움직이고 대사도 가능한 쉽게 풀어내려고 노력한 흔적이 돋보인다. 여기에 인물 구성 또한 탄탄하고 재미를 안겨준다. 거대 자본의 흐름을 냉철하게 바라볼 수 있도록 이야기를 단순화시킨 것도 있고 말이다.

이러한 방법을 택한 건 정지영 감독의 연출 배려라는 생각이다. 정지영 감독은 〈헐리우드 키드의 생애〉(1994)에서 볼 수 있듯이 치밀한 시나리오에 기반을 둔 제작 과정을 선호한다. 그런 그가 '금융 사기'라는 다소 어렵게 다가갈 수 있는 작품을 풀어내는 배경에는 이야기의 단순화가 존재한다. 해석을 충분히 할 수 있도록 이야기를 쉽게 꾸민 건 관객들에 대한 배려라는 생각이다. 덕분에 적절한 긴장감과 중간중간에 가벼운 유머도 간간히 섞여 있어 초반의 걱정거리를 덜어내게 만들어준다. 실화로서의 사건을 뒤좇아가는 재미도 있지만 영화적 재미까지 더해져 보다 풍성한 이야기를 담아내고 있는 듯하다. 앞에서 언급했던 비슷한 금융 사건을 다룬 영화 〈국가 부도의 날〉과는 전혀 다른 움직임이다. 그래서 더 재밌다.

영화 〈블랙머니〉(2019)는 실화를 기반으로 '금융사기'라는 거대 사건을 관객들에게 쉽게 풀어내고자 다양한 장치와 재미를 가미한 스토리로 흥미를 더해준다.

스토리를 구성하는 주된 사건이 다소 어렵게 느껴질 뿐, 그 자체로는 뻔하다. 단순한 구조로 풀어내는 과정에서 재미까지 더한 건 분명 장점으로 다가왔지만, 캐릭터 대신에 스토리가 주는 재미를 계속해서 끌고 간다는 점에서 개인적으로 연기보다 연출에 한 표를 던지고 싶다. 스토리를 완성시키는 과정에 있어서 강약의 조절 또한 제대로 해내고 있고 말이다. 전세가 기울어질 때는 한 걸음 뒤로 빠지는 모양을 보이다가도 강하게 나갈 필요가 있을 때는 누구보다 치고 나가는 모양새가 빠르다. 속도와 이야기를 조율하다 보니 연기에서 파고드는 추임새 또한 필요한데, 전반적으로 부족하지는 않지만 베테랑 배우들의 연기가 든든한 버팀목이 됐다. 충무로 영화에서 이런 내용의 주제로 이 정도 탄탄한 기본기를 갖춘 영화를 만나는 건 드물다는 생각이다. 개인적인 의견으로 영화 〈블랙머니〉는 자신감 충만한 영화다. 재밌는 영화를 만난 기쁨이 그래서 크다.

31

뚝심 있게 다가오는
솔직한 시선

〈셔터 아일랜드〉(2000)

"괴물로 평생을 살 것인가. 선한 사람으로 죽을 것인가."

설정에 반전을 줘 관객들의 뒤통수를 때리는 영화들은 수없이 많다. 여기에 영화가 스릴러 장르면 금상첨화. 관객들의 머리를 복잡하게 만들면서도 그 긴장감으로 관객들의 시선을 화면에 붙잡아둘 수 있기 때문이다. 아마도 극의 반전이 강하게 먹힐 수 있겠다. 이런 긴장감은 쉽게 풀리지 않을 것 같은 적절한 '구성'이 생명이다. 초반부터 강한 미스터리를 화끈하게 제시해 관객들에게 가벼운 충격을 안겨준 뒤 이를 풀어내는 방식의 묘미를 다각도로 제시하는 거다. 그럼에도 불구하고 이런 공식을 잘못 이용하면 스토리 자체를 이해시키기 어렵다는 위험도 염두에 두어야 한다.

구성 꾸미기에 노련한 마틴 스콜세지 감독이 연출한 영화 〈셔터 아일랜드〉(2010)는 관객들의 추리 과정을 형성시키기 위해 화면 곳곳에 많은 요소들을 배치시켜 이를 찾아내고 이해하는 데 재미를 가미한 작품이다. 테디 다니엘스(레오나르도 디카프리오 분)가 뱃멀미를 하는 장면, 포틀랜드가 아닌 시애틀 출신이라는 사실을 강조하는 척 아울(마크 러팔로 분), 쌀쌀맞게 느껴지는 교도관들과 '한때 삶과 사랑과 웃음을 누렸던 우리를 기억하라'는 문장이 쓰여 있는 푯말, 그리고 그 푯말을 응시하는 시선까지 모두가 다 의심할 만한 요소로 구성되어 관객들에게 생각할 재미를 안겨준다.

셔터 아일랜드로 들어가는 도입부에 장엄하게 깔아놓은 배경음악 또한 숨겨진 비밀을 간직한 미스터리한 교도소의 분위기를 좀 더 낮춰주는 역할을 한다. 마치 무거운 색으로 곳곳을 색칠해놓은 마냥 이 섬을 둘러보는 관객들은 처음부터 분위기에 압도당하기 때문에 그 의구심이 점점 커져가고 곳곳에 놓여 있는 구성 요소들을 의심하기 시작한다. 하지만 커져만 가는 의구심 치고는 관객들이 하나씩 밝혀지는 사실들을 받아내기엔 하나하나가 모두 부담스럽기만 하다.

마틴 스콜세지 감독은 과거를 회상하거나 꿈을 꾸거나 상상을 할 때마다 종이가 날리거나 불에 탄 재가 날리는 등 상황을 파악할 수 있게 만드는 기제를 집어넣었다. 심지어 다카우 수용소의 끔찍한 살인을 떠올릴 때도 하늘에는 눈이 날리고 있는 모습을 볼 수 있는데, 이처럼 이 영화는 여러 차례 등장하는 간접적 메시지를 통해 결말의 반전에 대한 암시를 날린다. 덕분에 관객들은 어쩌면 뒤집어질지도 모를 테디의 정체에 대한 궁금증을 한편에 담아둔 채 영화를 바라보게 된다. 영화는 이런저런 요소들을 곳곳에 담아둬 여러 갈래로 빠져나갈 길을 열어놓고 사건을 진행시켜간다. 식상한 스타일의 스토리를 펼치는 게 아닌 만큼 재미는 더하지만 이를 바라보는 이들의 머리는 복잡할 뿐이다.

마틴 스콜세지 감독은 과거를 회상하거나 꿈을 꾸거나 상상을 할 때마다 종이가 날리거나 불에 탄 재가 날리는 등 상황을 파악할 수 있게 만드는 기제를 집어넣어 관객들과의 눈치 싸움을 재치있게 선보인다.

　테디의 계속되는 두통과 이마의 상처는 관객들을 헷갈리게 만드는 결정적 요소다. 이 영화는 실제와 환상을 교차시켜놓아 관객들조차 감정을 들썩이게 만드는 재주가 있다. 동굴 속에서 레이첼(에밀리 모티머 분)을 발견하자마자 진실의 실체를 알게 됐다고 생각하지만, 결국 제대로 된 반전은 '등대'였기 때문이다. 눈치가 빠른 관객이라면 사건의 전개 시점, 즉 등대를 찾아갈 때부터 이마 위 상처를 덮고 있던 밴드가 없어진 걸 찾을 수 있을 거다. 결국 반전이 또 하나 있다면 테디 다니엘스의 존재를 사실 그대로 놔두는 것도 방법이었지만 한 번의 반전을 그대로 밀고 나간 뚝심이 스토리를 밋밋하게 만들어버린 것 같아 아쉬움이 남기도 한다.

영화는 시작부터 줄곧 관객들의 머릿속을 흔들어대는 여러 요소들을 배치해 복잡한 구성을 유도시켰다. 교도소의 인체 실험에 대한 의혹을 제기해 관객들의 마음에 생채기를 내는 재주도 있고 말이다. 관객들은 감독이 만들어놓은 덫에 빠지지 않기 위해 반전을 잡아내려고 안간힘을 쓰게 되는데 오히려 그게 감독이 요구하는 방향이었음을 알게 되는 순간, 그 허탈감은 감출 수가 없다. 그렇기 때문에 앞에서 얘기했던 바와 같이 그냥 곧이곧대로 스토리를 밀고 나가는 것도 나쁘지 않았을 거라는 얘기다. 실제 등대에서 인체 실험이 진행되고 있는 방향으로 끌고 나갔더라면 색다른 반전 효과를 두 번씩이나 만들어내지 않았을까 하는 아쉬움이 남는다.

어쨌든 영화의 틀은 지금까지 보아왔던 많은 작품들과 유사한

포맷이다. 하지만 그럼에도 불구하고 마틴 스콜세지 감독만의 기교가 이곳저곳에서 보이는 건 이 영화가 가진 장점이다. 익숙한 레오나르도 디카프리오의 연기력이 빛을 발휘하는 것도 또 다른 재미가 될 수 있겠다. 신비에 가득 찬 미스터리한 섬의 기운이 오묘한 스토리와 함께 제 몫을 다했다는 점에서 조만간 이 영화를 다시 한 번 찾게 될 것 같다.

32

선택과 이를 대변하는
역사 속에서

〈아이리시맨〉(2019)

"하늘이 높은 이유는 작은 새가 날면서 부딪히지 말라는 거야."

배우를 떠올리면 생각나는 영화들이 꼭 한 편씩은 있다. 그게 바로 그 배우가 가진 이미지이다. 성장 가능성이 무궁무진한 신예 배우에게는 이미지 메이킹이 한 편의 족쇄와도 같지만, 어느 정도 자리를 잡은 기성 배우에게는 반대로 최고의 찬사가 될 수도 있다. 하나의 역할에 있어 나를 대체할 누군가를 떠올리기 힘들다는 건 그야말로 안성맞춤의 연기력을 갖고 있다는 거다. 몇 년 전 미국 뉴욕을 방문했을 때 덤보(DUMBO, Down Under the Manhattan Bridge

Overpass)를 찾은 것도 배우 로버트 드니로 때문이었다. 누들스(로버트 드니로 분)가 청춘의 시기를 보냈던 그곳에 서서 나도 나만의 청춘을 느끼고 싶었다. 지금 이 순간 영화 〈원스 어폰 어 타임 인 아메리카〉(1984)의 한 장면이 떠오르는 이가 있다면 나와 같은 느낌을 공유할 수 있을 것 같다.

영화 〈아이리시맨〉(2019)은 하나의 캐릭터를 통해 우리가 거쳐 온 어두운 시대를 대변한다. 그 속에 개인의 삶을 욱여넣어 시대가 어떻게 흘러왔는지, 어떤 과정을 거쳐 현재가 완성되었는지를 관객들에게 현실감 있게 설명하고자 노력한다.

영화 〈아이리시맨〉(2019)도 로버트 드니로의 명연기를 살펴볼 수 있는 작품이다. 비단 그뿐만 아니라, 이 영화에서는 앞에서 말한 안성맞춤의 연기력을 가진 명배우들을 수없이 만나볼 수 있다. 〈칼리토〉(1993)의 '알 파치노', 〈나홀로 집에〉(1990)의 '조 페시', 〈U-571〉(2000)의 '하비 케이틀'이 바로 그들이다. 여기에 갱스터 무비의 거장인 마틴 스콜세지가 함께 했다면 이 작품이 가지는 색깔이 더욱 뚜렷해진다. 영화는 이제 나이를 먹어 몸을 채 지탱하지 못하는 노령의 프랭크(로버트 드니로 분)가 휠체어에 앉아 과거를 회고하는 장면으로 시작한다. 영화는 프랭크를 중심으로 그의 인생을 다양한 각도에서 읽어내는데, 사건을 단순하게 나열하지 않고 각 시점마다 벌어지는 주요 사건들을 골라 각각 얽혀 있는 인물들과 엮어 어떻게 현재에 이르게 되었는지를 상세히 늘어놓는다.

이 영화 〈아이리시맨〉은 1950~60년대 미국에서 자리를 잡고 성행했던 아일랜드계 마피아의 일대기를 다룬 작품이다. 당시의 미국은 2차 세계대전의 승전국으로서 그 자리를 확고히 다지고 있었으며 이를 통해 미국으로 건너와 성공을 꿈꾸는 일명 아메리칸 드림을 실현코자 하는 이들로 넘쳐나고 있었다. 이런 시각에서 본다면 이 작품은 마틴 스콜세지 감독의 2002년 작, 〈갱스 오브 뉴욕〉(2002)과 닮은 구석도 엿보인다. 감독은 자신의 영화 〈갱스 오브 뉴욕〉에 한 개인의 일인칭 관점을 덧대어 역사를 재구성함으로써 이 영화를 완성시켰다.

영화는 평범한 트럭 운전수였던 프랭크가 아주 조금씩 마피아의 세계에 젖어들게 되는 모습을 비추며 그의 인생을 다각도로 그려내는데, 그럼에도 불구하고 그는 조직에 완벽히 녹아들지 못하고 주변을 맴도는 주변적 인물에 그친다. 그는 애초부터 회고를 통해 '페인트공'에 대해 언급하지만 실제 그는 스스로의 결정에 따라 타인의 피로 벽을 물들이는 킬러가 되지는 못했다. 그렇기 때문에 위험을 감수하고 자의에 따라 행동하는 모습보다 수동적이고 기회주의적인 면도 엿보인다는 측면에서 윤종빈 감독의 영화 〈범죄와의 전쟁: 나쁜놈들 전성시대〉(2012)에서의 최익현(최민식 분)과도 유사한 면을 가진 인물로 해석될 수 있다. 두 인물은 모두 완벽한 조직원으로서의 인생을 살지 못하며 주변을 맴돌며 스스로의 행위를 위안 삼고 있다는 점에서 비슷한 류의 기생적 성격을 드러내고 있다.

뿐만 아니라 그들이 자신의 행위를 정당화하기 위해 내뱉는 변명으로 '가족'을 내세운다는 점도 비슷하다. 최익현이 자신의 범법 행위를 기반으로 훗날 자식들을 성공적으로 키워낸 것처럼 프랭크 또한 가족을 위해 그러한 삶을 살아왔다고 스스로에게 변명을 한다. 하지만 최익현이 세관직 공무원으로서의 영위를 벗어던지고 또 다른 기생적 삶의 세계에 발을 들인 것도, 그리고 프랭크가 자신과 공생관계에 놓여 있었던 지미 호파(알 파치노 분)를 거칠게 대했던 것도 모두 그들이 가진 후치무안(後置無顏)의 성격을 드러낸 것일 뿐이다.

이 영화 〈아이리시맨〉은 감독이 말하고자 하는 메시지가 명확한 작품이다. 하나의 캐릭터를 통해 우리가 거쳐 온 어두운 시대를 대변하고자 한 것이 바로 그것이다. 그 속에 개인의 삶을 욱여넣어 시대가 어떻게 흘러왔는지, 또 어떤 과정을 거쳐 현재가 완성됐는지를 관객들에게 현실감 있게 설명하고자 노력한다. 갱스터 무비가 갖춘 액션과 스릴, 긴장감을 원했다면 실망이 크겠지만, 개인의 삶을 좇아가면서 시대를 함께 읽을 수 있다는 점과 서정적 폭력의 서사를 느낄 수 있다는 장점을 생각해본다면 이만큼의 재미를 주는 작품도 없을 듯하다.

영화의 결말은 결국 프랭크의 노년으로 다시 돌아온다. 분명 그는 가족들을 위한 인생을 살았지만 가족들로부터 철저히 외면 받은 그의 인생은 또 다른 시선으로 지나온 과거를 되돌아보게 만든다. 영화의 초반, 러셀(조 페시 분)이 프랭크의 둘째 딸 페기에게 건넸던 "하늘이 높은 이유는 작은 새가 날면서 부딪히지 말라는 거야."라는 문장이 관객들에게 전달되는 의미는 남다르다. 결국 애초부터 프랭크의 선택과 그로 인한 삶은 그와 어울리지 않았다는 얘기로 귀결되기 때문이다. 주요 인물들의 다양한 삶과 그 속에 놓여 있는 그들의 선택이 우리가 거쳐 온 지나간 역사를 대변한다는 점에서 이 영화의 색깔 또한 진한 여운을 남긴다.

33

사람의 신념이란
참 무섭다

〈뮌헨〉(2005)

"하느님 뜻인 정의를 따르라고 배웠는데, 그걸 거스르는 우린 뭐
지."

사람의 '신념'은 참 무섭다. 신념은 굳은 마음을 유지하고 생각과
행동을 일관되게 만든다. 잘못된 신념이 무서운 건 현실을 마주한
상황에서조차 방향을 쉽게 돌리지 못하기 때문이다. 자신의 신념이
잘못되었다는 걸 인정하는 순간, 그건 자신의 지나온 과거를 부정
하는 게 되어버린다는 점에서 스스로 그걸 인정하고 싶지 않게 된
다. 내 인생의 과거가 송두리째 잘못되었다고 얘기하는 건 어떤 기

분일까. 그런 점에서 영화를 통해 감독이 얘기하고자 하는 바를 객관적인 시선에서 바라보면 섬뜩하기까지 하다. 영화 〈뮌헨〉(2005)은 1972년 독일에서 개최된 뮌헨 올림픽을 배경으로 한다. 선수촌에 침입한 팔레스타인 무장 조직 '검은 9월단'에 의해 이스라엘 선수들이 살해당하면서 벌어지는 이야기를 그린 이 작품은 올림픽을 계기로 뮌헨에 쏠린 전 세계의 이목을 단박에 경악할 만한 사건으로 바꾼 실제 있었던 사건을 표현했다. 영화는 이내 이스라엘의 정보 기관 '모사드'의 움직임을 비추면서 팔레스타인에 대한 보복을 위해 비밀조직을 결성하고 복수를 시행하는 과정을 보여준다.

이 작품을 이해하기 위해서는 '이스라엘'과 '팔레스타인'이라는 두 국가의 분쟁 역사를 살펴볼 필요가 있다. 이스라엘은 전 세계의 유대인들이 팔레스타인 지역에 몰려들어 건립한 국가이다. 이러한 배경에는 옛 이스라엘 왕국이 기원 후 70년, 로마 제국에 멸망당하고 그 로마가 무너지자 아랍 민족인 팔레스타인 사람들이 해당 지역에 들어와 살게 됐다는 역사가 숨어 있다. 2차 세계대전 후 이스라엘이 건립되면서 유대인과 아랍인 간의 갈등이 시작된다. 여러 번의 중동전쟁이 이어졌고 결국 이스라엘이 옛 팔레스타인 지역의 대부분을 차지하게 됐다. 이로 인해 많은 팔레스타인 사람들이 자신이 살고 있던 곳에서 쫓겨나 난민으로 전락하게 되었는데, 이렇게 시작된 분쟁 역사의 현실은 1993년 오슬로 평화협정 등 합의점을 찾기 위한 노력이 계속되었음에도 불구하고 여전히 현재까지 계속 이어지고 있다고 하겠다.

영화를 보면서 느꼈던 부분은 초반 장면의 몰입감이 영화 〈아르고〉(2012)의 그것과 매우 흡사하다는 것이었다. 도입부의 사건 배경 속에 관객들을 그대로 옮겨 놓듯이 사건의 현장에 빠져들 수 있는 많은 환경과 여건을 구성해놓았다. 그럼에도 불구하고 영화는 사실적 요소에 집중하기보다는 한 사람의 시선을 조명하는 데 치중한다. 도입부 이후 11명의 배후 인물들을 하나씩 차례대로 찾아가 복수하는 과정이 매우 지루하게 느껴지는 건 한 사람의 시선에서 신념이 어떻게 흔들리고 있는지를 관객과 함께 호흡하고 있기 때문이다. 화면은 보다 날카로운 시선으로 에브너(에릭 바나 분)와 팀원들이 서로의 감정에 휘말려 지쳐가는 모습을 담아내는 데 이 부분이 바로 자신이 오랫동안 믿어왔던 신념이 흔들리며 주저하는 모습이 강하게 드러나는 장면이기도 하다. 그야말로 국가와 국가, 민족과 종교 사이에 자연스럽게 형성된 투쟁에 대한 신념이 너무나 뿌리 깊게 박혀 있는 점이 이들이 한 인간으로서 삶과 환경을 얼마나 소홀히 여기고 개인에게 무조건적인 희생만을 요구했었는지를 세세하게 드러내고 한편으로 고발하고 있는 것이다.

영화 〈뮌헨〉(2005)은 한 사람의 환경과 시선을 통해 역사의 아픔을 가장 절실하게 드러내고 그 방향에 대한 당위성에 제대로 된 물음표를 던진 작품이라 하겠다.

영화는 스파이물로 많이 알려졌지만 우리가 잘 알고 있는 영웅적 모험담을 담은 007시리즈 식 스파이물은 아니다. 굳이 비교하자면 영화 〈팅커 테일러 솔저 스파이〉(2011)에서 흘려보낸 긴장감과 굉장히 비슷한 속도를 유지한다. 물론 복잡한 구성을 직접적으로 드러내지 않음은 그나마 관객들에게 다가가기 쉽게 만드는 건 사실이다. 속도와 구성이 영화 〈팅커 테일러 솔저 스파이〉와 많이 닮았다면, 그 긴장감이 사방에서 아주 천천히 조여오는 두려움을 그려낸 건 영화 〈스파이 브릿지〉(2015)와 닮았다. 분명한 범인을 앞에 두고 가장 객관적인 시선에서 그를 보호하고 지켜내야 하는 변호인을 둘러싼 과정은 모든 국민들이 자신을 외면하고 있는 환경을 감안했을 때 이 영화 속에서 비쳐지는 긴장감의 그것과 닮은 구석이 있는 듯하다.

이 작품은 메시지가 명확한 영화다. 마치 감독 스티븐 스필버그의 이전 작품인 〈쉰들러 리스트〉(1993)에서 역사의 참혹한 순간을 고통 받는 인간의 한 시선을 통해 충분히 드러냈듯이, 이 또한 한 사람의 환경과 시선을 통해 현장의 아픔을 가장 절실하게 드러내고 그 방향에 대한 당위성에 제대로 된 물음표를 던지고 있다 하겠다. 영화는 전 세계인들의 기억 속에 끔찍한 악몽으로 남아 있는 '뮌헨 올림픽' 테러 사건을 국가 간 분쟁과 개인의 시선 처리를 통해 날카롭고 세세하게 묘사하는 데 성공했다고 본다. 끔찍한 역사의 한 순간을, 치밀한 연출과 감정을 담은 연기가 만나 잘 표현된 작품이라는 생각이다. 느린 전개 속도와 화면의 잔잔함에 때로는 지루함을 느끼게 될지 몰라도, 화면이 전해주는 그 고요한 느낌을 아주 조금씩 그리고 천천히 내 것으로 온전히 만들 수 있다는 측면에서 이 영화의 장점이 드러난다.

34

살인은 맞지만
범죄는 아니야

〈시카고〉(2002)

"살인은 했지만 범죄자는 아니에요."

나비목과에 속하는 '나방'이라는 곤충이 있다. 인간에게 직접적으로 해를 입히지는 않지만 야행성에 물이나 쓰레기 등에 주로 모이다 보니 인간들에게 환대받는 존재는 아니다. 프랑스어로 'papillon nocturne'이라고 하는데, 굳이 해석하자면 '밤나비' 정도로 해석할 수 있겠다. 나비와 비슷하지만 일정 온도나 습도 등이 갖춰지면 불빛에 반응한다는 차이점이 있다. 주로 나무 틈이나 바위 밑, 습기가 있는 곳에 은신하다가 밤이 되면 불빛을 보고 날아들게 되는데, 이때 불빛에 목숨을 걸고 뛰어드는 습성을 보고 '당연한 실패 혹은 위험을 알면서도 무모하게 일을 추진시키거나 실행하는 모습'을 흔히 '불을 보고 뛰어드는 나방'과 같다고 부르게 됐다. 다시 말해 실패할 것을 알면서도, 그리고 당연히 이해하고 있음에도 방아쇠를 당기게 되는 연약한 몸짓의 처절함이라고 덧붙여 표현하고 싶다.

롭 마샬 감독의 영화 〈시카고〉(2002)는 이런 나방과 같은 주인공 록시 하트(르네 젤위거 분)에 대한 이야기이다. 그녀가 저지른 살인은 우발적이었다 하더라도 당시에는 어쩔 수 없는 선택이었다. 그녀가 사랑했던 무대는 화려함에 이끌려 춤을 추게 만드는 불빛과도 같았고, 당연히 그녀는 그 불빛에 이끌려 자신의 날개가 타들어가는 줄도 모르는 한 마리의 나방에 해당되고 말이다. 그녀는 남편인 아모스(존 C. 라일리 분) 몰래 불륜을 저지른다. 불륜은 밤의 화려한 무대를 흔들어줄 자신만을 위한 재즈 무대에 대한 대가였다. 그 약속이 너무나도 쉽게 무너져 내리자 그녀는 다시는 돌아오지 못할 구렁텅이로 스스로 몸을 던졌다. 그날 그녀가 잡아당긴 방아쇠는 불빛을 유혹하는 그녀의 처절한 춤사위가 됐다.

영화 〈시카고〉는 동명의 뮤지컬을 스크린에 옮긴 작품이다. 화려한 무대를 스크린 속에 고스란히 집어넣기 위해 곳곳에 관객들이 눈여겨봐야 할 주안점을 만들어 두었는데, 가장 중요한 점이 '캐릭터'의 색깔이다. 무대의 주인공인 록시 하트는 전혀 화려함을 드러내지 않는다. 오히려 불빛을 잃고 방황하는 한 마리 나방처럼 쿡 카운티 교도소에서 외로움과 침묵 속에 흐느껴 울고 있을 뿐이다. 그런 그녀의 처지를 달래주는 게 바로 교도소의 여섯 여성 살인수들이 만들어내는 독방 탱고, 'Cell Block Tango'다. 'Pop, Six, Squish, Uh-Uh, Cicero, Lipchitz'로 대변되는 이 탱고의 가사에서 가장 눈여겨 보이는 줄은 다름 아닌 'He had it coming'이다. '죽어도 싸지', 다시 말해 잇따라 흘러나오는 'It was a murder, But not a crime'처럼 살인은 맞지만 내가 한 행동은 범죄는 아니란 거다. 이 무대는 영화 속에서 록시 하트를 다시 일으켜 세워주는 중요한 역할을 한다.

이때부터 록시 하트의 색깔이 새롭게 채색된다. 그녀는 절대 피해자 코스프레를 하지 않는다. 나는 당당하게 살인을 했고 내가 행한 살인은 범죄가 아니라 당연한 거였다는 거다. 이를 입증하기 위해 교도소장 마마(퀸 라티파 분)와의 거래로 승률 100% 변호사인 빌리(리차드 기어 분)를 만나게 된다. 그녀는 이 기회를 이용해 자신을 불 속에서 끄집어내려고 애를 쓴다. 하지만 누가 알았겠는가, 그녀의 이런 행동이 오히려 자신을 불 속으로 더욱 밀어 넣고 있었다는 사실을 말이다. 남편과 동생의 불륜 현장을 목격하고 화를 못 이겨 살인을 저지른 벨마(캐서린 제타 존스 분)의 색깔이 정열의 '빨강색'이라면, 록시의 색깔은 속을 알 수 없는 '검정색'이라고 해도 좋다. 벨마는 무대에 대한 미련과 자신이 달려드는 불빛에 대한 이해를 전제로 행동했지만, 록시는 그렇지 않았다. 목숨에 대한 처절함보다 무대를 바라보는 미련이 더 크게 작용했듯이 그녀는 불길 속으로 그렇게 몸을 쉽게 내던졌다. 빌리가 돈과 유명세에 집착하는 '파랑색'을 가졌다면, 그녀의 남편 아모스는 사랑하는 아내를 위해 모든 걸 희생할 만큼의 '하얀색'과도 같다. 이처럼 이 영화는 화려한 뮤지컬 무대를 스크린에 옮겨놓은 것답게 캐릭터의 색깔을 분명히 해 관객들에게 그 생생함을 그대로 전달하려 노력한다.

영화에서 보여주는 '시카고'라는 무대는 냉정하지만 화려하고 불

꽃같지만 쉽게 사그라질 줄 아는 불구덩이와도 닮았다. 그런 세계가 바로 '시카고'다. 잠깐 눈독 들이는 반짝 스타에 열광하다가도 내일이면 그저 그런 눈요기로 전락하고 마는 쉬운 불구덩이 말이다. 빌리가 록시를 안심시켜주기 위해 던지는 재판을 묘사하는 대사는 그런 비유가 덧대어 있다. "이건 쇼야. 서커스란 말이야." 그들에게는 이 모든 게 스타와 함께하는 서커스에 불과했다. 누구에게는 목숨이 걸려 있는 위험천만하고 아찔한 무게로 느껴지겠지만 그럼에도 이들은 재판을 즐길 줄 안다. 여기에 명배우 리차드 기어가 선보이는 탭댄스 장면은 가히 일품이다. 이 탭댄스의 경쾌한 소리는 관객들에게 자칫 무거운 요소로 받아들여질 '재판'을 한순간에 즐거운 '무대'로 만들어버린다.

모든 시카고 시민들이 라디오를 들으며 세기의 평결을 기다리는 장면은 이 영화의 하이라이트 장면이다. 신문은 그녀를 두고 '유죄'와 '무죄' 두 가지 결과에 대한 장들을 동시에 준비해둔 채 재판의 결과만을 기다리고 있다. 그리고 이내 허공에 외쳐지는 목소리는 관객들로 하여금 탄식을 나오게 만든다. 거짓 임신에 착하고 순한 남편마저 외면한 채 자신의 행위를 정당화시키려는 주인공 록시를 두고 이 결과를 누구도 반길 수는 없지만, 그 누구도 그녀에게 돌을 던지기도 힘들 것이다. 영화 속 주인공인 록시는 그런 색깔을 풍기며 관객들에게 여전히 이렇게 외치고 있어서다. "살인은 맞지만 범죄는 아니야."라고.

주인공 록시 하트(르네 젤위거 분)가 저지른 살인은 우발적이었다 하더라도 당시에는 어쩔 수 없는 선택이었다. 그녀가 사랑했던 무대는 화려함에 이끌려 춤추게 만드는 불빛이었고, 당연히 그녀는 그 불빛에 이끌려 날개가 타들어가는 나방에 불과했다.

35

그들의 선택이
세상을 바꾸다

〈1987〉(2017)

"조사관이 책상을 탁 치니 억! 하고, 어!"

1987년의 6월은 지금은 쉽게 상상조차 못 할 정도로 정말 뜨거운 해였다. 어린 나는 당시에 엄마와 함께 집 근처 P대학을 지나고 있었다. 그때 학교 정문 앞에 서 있던 대학생 형과 누나들의 모습을 아직도 기억한다. 그들은 머리에 띠를 두르고 뭔가를 목 놓아 외치고 있었고 반대편 사거리 아래에서는 헬멧을 쓰고 방패를 든 경찰들이 전차를 뒤로 한 채 그들 앞으로 나아가고 있었다. 나는 그때 처음으로 최루탄의 쓴맛을 경험했다. 펑펑 소리와 함께 거리에 연기가 자욱해지자 거리는 순식간에 아수라장이 됐다. 엄마는 그 순간 어린 나를 등에 업고는 입고 있던 외투를 내 머리에 씌운 채 마구 뛰셨다. 집 앞 재래시장에 다다라서야 나를 내려놓았는데 어찌나 매웠던지 눈과 코, 그리고 입이 얼얼하고 얼굴 전체가 쓰라려 화장실에서 마구 세수를 했던 기억이 난다. 외투로 얼굴을 가렸던 내가 그 정도였는데 어린 나를 업고 뛰었던 엄마는 얼마나 힘들었을까. 수십 년이 지난 지금도 그때의 기억만큼은 생생하게 남아 있다.

나는 대학에 입학한 후 전공을 고려해 대학방송국에 들어갔다. 수습국원으로 취재 방식부터 차근차근 배우던 시절, 선배들이 처음으로 취재해오라고 시켰던 장소는 바로 한총련 집회였다. 첫 취재를 하러 참석했던 그곳에서 나는 자연스럽게 그들의 목소리에 귀 기울였고 나 또한 그들과 뜨거운 하룻밤을 함께했다. 영화를 보고 난 후 눈물이 뺨을 타고 흘렀다. 90년대 학생운동의 마지막을 경험하기도 했고, 80년대 그 뜨거운 목소리를 간접적으로 겪어봐서도 아니다. 그저 그들의 커다란 목소리가 지금의 오늘을 있게 해줬기에 그래서 고맙고 감사하다는 마음이 내 가슴을 무겁게 만들어줘

서였던 것 같다.

영화 〈1987〉(2017)은 당시 S대 인문학과 학생이었던 故 박종철 열사의 고문치사 사건을 주 내용으로 다루고 있지만, 영화는 그 사건보다 이를 발단으로 벌어지는 다양한 사건들을 전개시키는 데에 좀 더 초점을 맞췄다. 스토리를 설득력 있게 제시하기 위해 각 요소마다 다양한 배역을 골고루 늘어놓아 균형 잡힌 시각을 보여준 것도 관객들이 사건을 쉽게 받아들이는 데 많은 도움을 준다. 이야기를 이끌어가는 화자는 별도로 존재하지만 그들이 이야기 전체를 지배하지 않고 다양한 인물들이 각자의 이야기를 담아내고 있기에, 제작 입장에서도 연출하기 편하고 이를 받아들이는 관객 또한 이해하기 수월하다. 다큐멘터리처럼 사실적인 부분에 스토리까지 더하니 재미 또한 충분하지 않았나 싶다.

극의 초반에는 사건을 은폐하려는 박 처장(김윤석 분)과 이를 감추지 않으려는 공안부장(하정우 분) 사이의 긴장감도 팽팽하다. 여기에 한 사건이 어떤 라인으로 다양한 인물들에게 퍼져나가는지 또

이로 인해 사건이 사건으로 이어지는 스펙터클한 부분까지 세세하게 묘사해 재미가 더해졌다. 실제 사건은 정치와 언론, 검찰과 시민, 학생에 이르기까지 정말 많은 이들이 다함께 뜻을 모으면서 그 의미를 만들어갔기 때문이다. 남영동 대공분실에 대한 흔적과 당시의 언론보도, 그날 Y대 앞에서 함께 했던 이들의 증언 등을 현재 쉽게 찾아볼 수 있음은 영화 속 이야기를 무리 없이 받아들이는데 많은 도움을 주기도 한다.

영화는 이처럼 검찰과 언론, 교도소, 학교 등 다양한 영역에서의 한 목소리가 제각각의 행동과 색깔로 하나의 방향으로 달려가는 모습을 비춘다. 다른 계층의 사람들이 하나의 방향으로 합심해 전 국민이 자연스럽게 연결되는 모습은 실제 대한민국 민주화의 역사라고 하기엔 쉽게 믿어지지 않을 정도로 사실적이고 깊은 인상을 남긴다. 여기에 남영동 대공분실의 공포를 있는 그대로 부각시켰던 영화 〈남영동 1985〉(2012)와는 달리, 배경을 크게 드러내지 않으면서도 그 공포를 배우들의 연기에 그대로 녹여내 관객들에게 당시의 공포감을 전달하고 분노를 자아내게 한 것도 놀라운 부분이다. 무엇보다 인물 간의 연결고리를 하나씩 만들어 스토리를 부드럽게 이어가는 점은 이야기를 재미나게 만든 장점이 되었다. 덕분에 이 영화가 단순히 당시의 슬픈 역사를 폭로하는 데 그치지 않고 스릴과 재미까지 담은 영화 그대로의 특징을 담고 있다고 말할 수 있겠다.

영화는 검찰과 언론, 교도소, 학교 등 다양한 영역에서의 한 목소리가 제각각의 행동과 색깔로 하나의 방향으로 달려가는 역사의 한 순간을 사실적으로 묘사했다.

이 영화는 역사를 그대로 담고 있다는 사실 하나만으로 관객들의 마음을 후벼 판다. 어쩌면 나와 같은 세대에게는 미안한 마음이 더 강할 정도로 아프고 쓰라리고 슬프기까지 하다. 배우들의 역할을 치밀하게 구성하고 배치해 실제 인물들의 당시의 마음을 보다 잘 표현했기 때문이기도 하지만, 역사의 상처를 영화를 통해 치유하고 그날의 의미를 되새김은 물론, 아직도 과거를 뉘우치지 못하고 떵떵거리며 살아가는 그들을 고발하고자 하는 목적도 있겠다. 그렇기 때문에 대한민국의 6월은 언제나 그때를 떠올리며 슬프고 그때를 생각하면 뜨겁다. 많은 이들의 희생이 있기 이전에 모든 걸 놓아버릴 만큼의 노력이 있었다는 사실은 현재에도 시사하는 바가 크다. 이유 없이 죄 없이 고통 받고 희생한 이들을 위로하는 의미에서 이 영화가 만들어지기까지 그리고 이 영화가 많은 무게를 담아내기까지 우여곡절을 함께 했음을 잊을 수 없다. 단순히 영화로서 받아들이고 끝내버리기에는 너무 많은 무고한 희생을 담아냈기에 오늘날 이 영화의 무게에 영화를 사랑하는 한 사람으로서 가슴이 아려온다.

36

엄마는 외계인?
혹시 당신도 외계인?

〈지구를 지켜라〉(2003)

"내가 죽으면 지구는 누가 지키지?"

요즘은 참 흔해졌지만 사실 반전 영화의 매력은 문자 그대로 '반전'이다. M. 나이트 샤말란 감독의 〈식스 센스〉(1999)가 나왔을 때만해도, 그보다 앞서 브라이언 싱어 감독의 〈유주얼 서스펙트〉(1995)가 반전의 맛을 제대로 비췄을 때만 해도, 사람들이 전혀 예측하지 못한 결과를 일말의 여지없이 갑자기 한 번에 훅 하고 던져놓아 그 영향력은 엄청나게 밀려 왔었다. 관객의 흥미를 이끌어내기 위해 강력한 한 방을 꽁꽁 숨겨놓은 채 러닝 타임 내내 그들의 애간장을 태

우다가 마지막에 와~ 하고 터뜨리는 그 무언가. 그게 반전 영화의 매력이라면 매력이라고 하겠다. 그런데 어떤 반전 영화는 그 아까운 반전의 여지를 이곳저곳에 마구 흘리고 다니기도 한다. 이야기를 늘어놓는 내내 이럴까 저럴까를 여기저기 헤쳐놓고 다니며 관객들의 머리를 갸웃거리게 만든다. 아무런 준비 없이 놀랄 만한 결과를 받아드는 것도 대단한 반전이지만, 몇 가지 보기를 늘어놓은 채 어느 것으로 골라줄까를 추리하게끔 만드는 것도 이젠 반전의 재미가 됐다.

장준환 감독이 처음 이 작품 〈지구를 지켜라〉(2003)를 끄집어냈을 때만 해도 그의 필모그래피는 이러한 반전과는 거리가 멀었다. 다양한 장르의 작품을 두루 섭렵하며 자기만의 색깔을 찾는 것도 중요하지만 자신의 필모그래피 속에서 강한 임팩트 한 방 정도는 갖출 줄 알아야 하는 것도 감독의 입장이겠다. 어쩌면 그렇기 때문에 이 영화의 각본에 강한 손길이 덧대어졌을 수도 있고 말이다. 여기에 그다지 어울릴 것 같지 않아 보이는 배우 신하균과 백윤식의 적절한 콜라보는 이 영화의 승부수가 됐다. 아무리 치밀하게 감추어진 각본일지라도 배우를 통해 과정을 제대로 표출시키지 못한다면 그 의미는 이상도 이하도 되지 못한다. 결국 이 영화의 완성은 배우들의 연기가 제대로 한몫했음은 부인할 수 없다.

영화가 재미있는 부분은 당연히 두 주인공, 병구(신하균 분)와 강 사장(백윤식 분)의 심리 대결이다. 한 사람은 불운한 가정사로 온전치 못한 정신 상태를 갖고 외계인이 존재한다는 터무니없는 주장을 펼치고 있고, 또 한 사람은 자신이 외계인이라는 황당무계한 가정에 갑작스레 납치를 당해 온갖 고문을 받고 있는 사람이다. 관객들은 이 웃지 못할 어설픈 상황에 병구가 저지르는 온갖 고문 과정과 일방적인 감금, 폭행 속에 강 사장의 애처로운 상황을 바라보며 영화가 던지는 메시지에 물음표를 던진다. 감독은 이러한 상황을 가정하면서도 그 사이에 생각할 거리를 던져주고 있다. 분명 정신이상자인 병구의 환경을 재미나게 펼쳐놓았음에도 그의 말 한마디 한마디를 듣고 있다 보면, 어느 순간 그 말에 무게가 올려져 있음을 눈치 챌 수 있다는 사실이다. 외계인의 공격이 감행될 거라는 시작부터 얼토당토 없는 그의 가정에도 치밀한 사전 조사가 있었고, 그 과정에는 분명 타당성 있는 '어쩌면'이라는 가정 하나가 들어설 여지를 남겨두어 관객들로 하여금 영화를 추리와 함께 재미나게 풀어나갈 공간을 마련하고 있다.

영화는 관객들의 시선을 다양한 공간으로 이리저리 옮겨 다니게끔 만드는 재주를 가졌다. 시원한 웃음을 선보이다가도 두 주인공 모두에게 연민의 감정을 느끼게 만들기도 하고, 액션과 스릴은 물론 마지막 반전을 통한 강한 충격도 서슴지 않는다.

영화의 초반이 스토리 측면에서 관객들에게 황당무계한 재미를 안겨주었다면, 중반으로 향할수록 병구의 정신이상에 대한 원인을 드러내며 현실사회에 대한 비판도 서슴지 않는다. 우리 사회가 가지고 있는 고질병을 강하게 지적하며 관객들은 비로소 강 사장이 왜 납치됐는지, 그가 어떤 잘못을 저지르고 이렇게 고통을 받게 됐는지를 곱씹어 보게 된다. 이 과정에서 관객들이 나누는 공감의 무게는 상당하다. 극의 초반에 강 사장에게 쏠렸던 안타까운 마음은 서서히 병구에게 옮겨가게 되고, 두 사람을 바라보는 시선의 공유가 그 무게를 덜어내게 되는 과정 또한 자연스럽다. 관객들이 스토리에 집중하면서도 두 사람에 대한 감정을 조금씩 이동시키는 과정조차 장준환 감독의 반전을 위한 '빅 픽처'였음을 깨닫게 되는 건 글의 서두에서 언급했던 바로 그 놀랄 만한 일이다. 이 영화는 서서히 그 그래프를 올려가며 마지막 반전을 위한 강한 한 방을 숨기고 있었기 때문이다.

  그런 점에서 이 영화는 관객들의 시선을 다양한 공간으로 이리저리 옮겨 다니게끔 만드는 재주를 가졌다. 어처구니없는 설정으로 시원한 웃음을 선보이다가도 두 주인공 모두에게 연민의 감정을 느끼게 만들기도 하고, 그 과정에서 액션과 스릴까지 가미해 보는 재미를 더해주는가 하면, 거기에 마지막 반전을 위한 강한 충격까지 안겨준다. 한마디로 웃음과 감동, 액션과 스릴 등 장르를 넘나드는 화려한 구성으로 영화를 보는 내내 끊임없이 재미를 안겨주는 작품이라는 생각이다. 여기에 감독의 사회 비판적 메시지까지 감안한다면 이 영화의 완성도가 어느 정도 수준인지 자연스레 느끼게 될 수 있다.

개인적인 의견으로 이 영화가 개봉 당시에 크게 주목받지 못했던 이유는 이러한 여러 요소들이 한데 섞여 쉽게 조화를 이루지 못해 관객들에게 다소 어렵게 다가갔기 때문이라는 생각이다. 하지만 이후 수많은 다양성 가득한 영화를 접하며 관객들의 이해도가 올라간 지금 이 시점에서 영화를 다시 보게 된다면, 분명 충분히 새롭게 해석될 수 있는 여지가 충분하다. 작품의 가치는 언제나 그 자리 그대로였다. 그저 그 가치를 바라보는 우리들의 시선이 변했을 뿐이다. 숨어 있는 가치를 찾아내는 것, 그게 영화를 사랑하는 이로써 우리가 해내야 할 숙제가 아닐까 싶다.

37

세상을 바꾼
최강의 팀플레이

〈스포트라이트〉(2015)

"이걸 밝히지 않으면, 그게 언론인입니까?"

외로움은 입을 다물게 만든다. 아무리 외쳐봐도 어차피 닿지 않을 테니. 그리고 거울을 바라본다. 거울 속 내 모습에 한껏 부끄러워져 스스로를 구석으로 몰아세운다. 무엇이 잘못된 걸까. 그렇게 상대방이 아닌 나에게로 문제를 몰아간다. 외로움은 한 사람을 철저하게 어둠 속에 가두어버린다. 그리고 진실 또한 너무나 쉽게 묻혀버린다. 우리는 언제 어디에서든 진실을 알고 싶어 하지만, 진실을 추구하는 인간의 욕구는 누군가에 대한 배려조차 없이 그저 단순하고 직선적이다. 아는 것이 힘이라 한들, 때로는 모르는 게 약인 것도 있는 법이다. 그들은 그렇게 주장하며 자신의 생각과 행위를 스스로 정당화시켜버린다. 신이 만들어낸 창조물의 추악한 진실, 영화 〈스포트라이트〉(2015)는 이 진실을 파고들기 위해 외로움과 끈질기게 싸워낸 이들에 대한 영화다.

감독 토마스 맥카시는 역동적이고 무거운 화면 대신에 정반대의 연출 방식을 담아 사건의 무게를 각본의 치밀함과 배우들의 연기에 대한 신뢰로 채워 넣었다.

영화 〈스포트라이트〉는 미국 보스턴 지역을 대표하는 언론 〈보스턴 글로브〉지의 스포트라이트 팀이 새로 발령받은 대표 마티 배런(리브 슈라이버 분)의 지시에 따라, 보스턴 지역 내 가톨릭 교구 사제들의 아동 성추행 사건을 집중 취재하는 이야기를 담고 있다. 영화가 다루고자 하는 내용은 이처럼 매우 역동적인 데 비해 사건을 취재하는 과정은 담담하고 잔잔하게 흐른다. 토마스 맥카시 감독은 생각지도 못한 추악한 범죄가 개개인의 인생에 커다란 상처를 준 반면, 이를 알고 있음에도 묵인하고 덮어버린 권력이 '종교'라는 이름으로 죄를 인정하지 않는 과정을 세세하게 하지만 담담하게 그리고자 노력했다. 그의 연출 방식은 왁자지껄 떠들어대지도 않고 배우들은 우왕좌왕 분주하지만도 않다. 스포트라이트 팀이 취재하는 과정은 그들이 다루고 있는 사건의 무게에 비해 꽤나 침착하고 세밀한 편인데, 이 때문에 작품이 가진 각본의 힘은 생각보다 큰 편이다. 영화가 관객에게 전달하고자 하는 메시지가 카메라나 연기보다도 그들이 풀어내는 서술적 가치에 좀 더 많은 무게를 두고 있기 때문이다.

아니나 다를까 이 작품은 제88회 미국 아카데미 시상식에서 최우수 작품상과 각본상을 수상했다. 영화가 담아내는 메시지가 명확하고 이를 표현하는 방식이 여느 영화들처럼 거칠지 않고 침착하게 흘러가기 때문에 그 연출 측면에서 메시지를 전달하는 표현력을 인정받은 게 아닐까 싶다. 여기에 이를 표현하는 스포트라이트 팀의 구성원들이 나름의 개성을 가지고 있음이 영화의 기운을 북돋아준다.

팀장을 맡은 월터(마이클 키튼 분)가 팀을 이끌어가는 방식은 무게감이다. 팀원들이 자유롭게 그리고 세밀하게 취재할 수 있도록 스스로 우산이 되어주는 역할을 맡았다. 말 그대로 팀의 대들보로서 책임을 다하는 모습이 분명하게 각인된다. 사샤(레이첼 맥아담스 분)는 조용하고도 끈질기다. 수많은 피해자들을 만나며 그들의 얘기를 듣고 감정을 감싸 안아주는 역할을 맡았다. 집요함으로 제대로 된 뉴스를 얻어내는 용기 또한 비추고 있고 말이다. 이와 유사하지만 또 다른 개성을 드러내는 마이크(마크 러팔로 분)는 그런 끈질김을 극대화한 대표적인 캐릭터다. 그는 일에 대한 집착으로 가족과 떨어져 지낸다. 제때 식사도 거를 정도로 사건에 대한 집념이 강해 우여곡절 끝에 법원이 허가한 비공개 문서를 가장 먼저 습득하고자 하룻밤을 꼬박 새울 정도의 노력을 보이기도 한다. 이러한 이들의 노력 과정 모두가 카메라의 역동적인 움직임보다 수채화와 같은 잔잔한 화면으로 표현되는 건 감독이 의도한 연출이다. 물 흐르듯이 흘러가는 그들의 취재 과정은 이 사건의 무게감을 가슴 한 곳에서 끓어오르듯 관객들에게 깊숙이 안겨준다.

영화는 가톨릭 교구 내에서 오랜 기간 동안 벌어진 아동 성추행 사건을 미국의 일간지 〈보스턴 글로브〉지의 스포트라이트 팀이 세밀하고 끈질기게 추적해 보도한 실화를 담았다. 감독 토마스 맥카시는 역동적이고 무거운 화면 대신에 정반대의 연출 방식을 담아 사건의 무게를 각본의 치밀함과 배우들의 연기에 대한 신뢰로 채워 넣었다. 취재 과정보다 피해자의 입장과 가톨릭 교구가 늘어놓는 변명의 입장까지 다각도로 비춰줬다면 사건을 보다 입체적으로 받아들일 수 있는 좋은 기회가 되지 않았나 하는 아쉬움도 있는 게 사실이다. 하지만 실화를 다뤘다는 점에서 그 무게를 온전히 관객들에게 전달하고 이들의 행적을 잔잔한 화면에 무겁게 담아냄으로 다큐멘터리 못지않게 취재 과정이 신뢰를 얻어낸 점은 이 영화의 장점이 아닐까 싶다. 진정한 저널리즘의 가치가 무엇인지 아주 낮고 무겁게, 그리고 보다 분명한 목소리를 낸 것만으로도 이 영화가 가진 가치가 충분하다는 걸 느낄 수 있었던 작품, 영화 〈스포트라이트〉였다.

38

진실과 거짓의
반복된 싸움 속에서

〈게임 체인저〉(2015)

"그건, 단순히 비즈니스였죠."

세상은 진실과 거짓의 반복된 싸움이다. 누군가는 거짓으로 진실을 감추려 하고 누군가는 그 진실을 파헤치고 드러내기 위해 노력한다. 영화는 국내로 넘어오면서 원제와 전혀 다른 제목을 택했다. 재미있게도 바뀐 제목은 우리말이 아닌 영어다. 영어로 쓰인 원제를 굳이 다른 영어 제목으로 바꿀 필요가 있었을까. 하지만 영화를 보고 나면 생각이 달라진다. 의외로 훨씬 타당성 있고 어울리는 제목이라는 생각이 들기 때문이다. 이쯤 되면 감독의 연출 메시지가 표면적이라기보다는 보다 함축적이고 무거운 세상의 진실에 대한 도전임을 이해하게 된다. 거짓에 더 이상 침묵하지 않고 진실을 말하고자 하는 용기가 비춰진 영화가 여기 있다. 피터 랜즈먼 감독의 영화 〈게임 체인저〉(2015)는 바로 그런 영화다.

영화는 초반까지 주인공인 베넷 오말루(윌 스미스 분) 박사를 중심으로 두 가지 이야기를 펼쳐나가고자 한다. 환자를 중심으로 병의 원인을 파헤쳐가는 것과 여주인공인 프리마(구구 바샤-로 분)와의 관계를 배경으로 이야기를 이끌고 가려는 모습이 바로 그것이다. 하지만 이야기가 점차 중반에 접어들면서 그녀와의 영역은 다분히 축소되고 사건의 균형이 베넷 박사와 미식축구협회와의 대결로 전환되는데, 결국 딱딱하고 지루하게 받아들여질 수도 있는 영화의 주제에 자연스럽게 접근하기 위한 목적이었다고 생각된다.

감독은 영화의 재미를 위해 미식축구협회를 부각시켰다. 베넷 박사와의 재미난 대결 구도를 형성시켜 둘의 공방전을 만들고자 노력한 점이 눈에 띈다. 그럼에도 불구하고 이 공방전이 재밌게 보이기 위해서는 보다 다양한 이야기들을 풍성하게 넣어야 했다. 논리적인 공방전도 좋고 협박과 위협이 가해져 이로 인한 스트레스를 받는 입장도 좋다. 식상하긴 하지만 없는 것보다는 낫다는 얘기이다. 하지만 영화는 이 대결 구도를 제시한 중반 이후부터 너무 많은 부분들을 건너뛰어버려 개인적인 아쉬움을 남겼다. 이야기가 실화라는 점을 감안하더라도 너무 많은 내용의 삭제는 관객들로 하여금 이야기를 온전히 받아들이기 힘들도록 만드는데 말이다.

영화는 사건의 본질을 숨기려는 미식축구협회와 원인을 세상에 밝히려는 베넷 박사 개인과의 외로운 싸움을 그리고 있지만, 사회에 대한 메시지를 드러내고자 하는 강력한 한 방의 카운터펀치가 부재했음이 개인적으로 아쉽다. 앞에서도 언급했듯이 이는 다큐멘터리가 아니라 관객들로부터 공감을 얻어내야 하는 영화이기 때문이다. 보다 극적이고 보다 절실하게 그리고 보다 감동적으로 그들의 마지막 승리를 전달해야 하는 숙제를 안고 있었지만, 이를 제대로 해결하지 못한 것 같아 또 다른 아쉬움으로 남았다. 그나마 줄리안 베일스 박사(알렉 볼드윈 분)가 과거 피츠버그에서 일할 때 자동차에 기름칠 하듯이 온갖 약물을 동원해 선수들을 몰아세웠다는 말에 베넷이 그게 무슨 의술이냐며 그를 몰아세운 장면은 영화를 보는 이들에게 와 닿는 부분이 많을 거라는 생각이다. 그때 답하는 줄리안의 "비즈니스였죠."라는 한마디는 이 영화 전체를 통틀어 관객들에게 가장 강력하게 전달될 수 있는 대사이자 감독의 메시지이기 때문이다.

영화를 보다 보면 초반 장면에서 '게임을 끝내야지, 그래야 이긴다.'라는 말이 나온다. 미식축구의 세계에서 내뱉을 수 있는 통념이기도 하지만 이 영화의 메시지에도 어울리는 대사가 아닐까 싶다. 주인공 베넷 박사는 진실을 마주한 채 이와 끊임없이 부딪히고 대결하는 외로운 싸움을 벌여왔다. 그는 나이지리아에서 자라면서 미국은 천국과 가장 가까운 곳에 있는 곳이었고 늘 진정한 미국인으로 인정받기를 기대했다고 했다. 하지만 미국은 마이크 웹스터라는 영웅이 허무하게 죽었는데도 다들 쑥덕대기만 할 뿐 아무도 그 이유에 대해 묻지도 궁금해 하지도 않았다. 그는 이러한 현실에 개탄하며 이게 자신이 꿈꿔왔던 천국이고 미국이라는 현실에 물음표를 부여한다. 그는 스스로 혼자만의 게임에 빠져들었고 매 순간마다 끊임없이 이기려고 노력해왔다. 그가 포기하지 않고 이룩한 마지막 승리는 이 영화의 원제를 자연스레 바꿔주었다. 그 가치가 바로이 영화의 제목이 〈게임 체인저〉로 바뀐 이유이다.

베넷 오말루(윌 스미스 분) 박사는 스스로 혼자만의 게임에 빠져들었고 매 순간마다 끊임없이 이기려고 노력해왔다. 그가 포기하지 않고 이룩한 마지막 승리는 이 영화의 원제를 자연스레 바꿔주었고, 그 가치가 바로 이 영화의 제목이 〈게임 체인저〉로 바뀐이유이다.

39

인생은 묘하게
달콤 쌉싸름하다

〈달콤한 인생〉(2005)

"말해봐요, 정말 날 죽이려고 했어요?"

 쓴맛 때문에 커피를 좋아하지 않는 분들에게 아인슈페너를 종종 권하고는 한다. 아인슈페너는 아메리카노 위에 생크림과 설탕 등을 올려 마시는 커피이다. 첫맛은 달콤함이 입술을 자극하다가도 이내 스며들어오는 아메리카노의 쓴맛이 입안을 헹구어준다. 달달하기도 쓰기도 한 이 맛은 어찌 보면 상반된 맛이지만 입안에서 묘하게 잘 섞인다. 한번 아인슈페너의 맛에 빠져들면 그 안에서 벗어나기가 쉽지 않을 정도로 매니아를 형성시키는 맛이기도 하다. 인생은 묘하게 달콤 쌉싸름하다. 언제 그랬는지 모를 정도로 사람들은 쉽게 지나간 과거를 잊고 살아가지만 현재는 지나간 과거 위에 형성된 내 삶의 조각 모음이다. 애써 돌아보면 새로운 모습의 나를 만나게 될 수 있다. 달콤했던 추억들, 쌉쌀한 기억들 모두 내 인생의 일부가 된 건 사실이니까.

어느 맑은 봄날, 바람에 이리저리 휘날리는 나뭇가지를 보며 제자가 스승에게 묻는다. "스승님, 저것은 나뭇가지가 움직이는 겁니까, 아니면 바람이 움직이고 있는 겁니까?" 스승은 제자가 가리키고 있는 나뭇가지는 쳐다보지도 않은 채 웃으면서 답한다. "무릇 움직이고 있는 것은 나뭇가지도, 바람도 아니고 네 마음뿐이다." 김지운 감독의 인생 작품이라고 가히 말할 수 있는 영화 〈달콤한 인생〉(2005)은 표면적으로는 느와르를 지향하고 있지만, 사실 한 남자의 마음을 들여다보고 읽고 해석하려 애쓴 작품이다. 배우 이병헌은 지극히 냉정한 세계에 몸을 담고 있으면서도 그 안에서 감정을 듬뿍 담아 표현하는 역할을 맡았다. 냉철함을 유지하면서도 흔들리는 곁눈질을 관객들에게 흘려대는 건 결코 쉬운 일이 아니다. 과하지도 모자라지도 않게, 하지만 관객들이 눈치 챌 정도로 이를 드러내다는 건 오직 이병헌의 마스크이기에 가능하지 않았나 싶다.

강 사장(김영철 분)이 선우(이병헌 분)에게 희수(신민아 분)의 뒤를 감시하라고 지시한 건 우연이었을까 아니면 의도적이었을까. 선우를 흙 속에 파묻었을 때 비가 내리고 있던 건 우연이었을까 아니면 의도적이었을까. 영화는 모든 게 제목처럼 달콤 쌉싸름한 맛의 여지를 이곳저곳에 흘리고 다닌다. 선우가 희수를 두고 냉정과 사랑 사이에서 자신의 속마음을 희석시키고 싶어 했다면, 희수의 마음은 과연 어떠했을까. 그녀 또한 강 사장의 배경 뒤에 숨어 있지만 또 다른 공간에서는 자신만을 위한 남자를 찾고 있었던 게 아닐까. 여기에 선우의 존재는 그녀에게 또 어떤 모습으로 다가갔을까. 영화를 보고 있으면 화면은 이런 궁금증을 유발할 만큼의 충분한 공간을 곳곳에서 드러내고 있는 걸 쉽게 발견하게 된다. 이 작품 속 인물들은 모두 흑과 백, 또는 강과 약의 가운데에서 너무나 격렬하게 흔들리고 있는 모습이다.

심지어 애인의 뒤를 감시하라는 지시를 내린 강 사장조차 희수와 선우를 두고 흔들린다. 선우가 자신의 앞에 다시 나타나 총구를 들이밀고 던진 질문, "그때 왜 그랬어요?"는 여전히 궁금증을 해소시켜주지 않은 채 그 속마음을 굳게 잠가버린다. 영화는 끝까지 선우에게 희수가 어떤 존재였는지를 조명하지 않는다. 물론 강 사장에게 선우가 어떤 존재였는지도 조명하지 않는다. 그저 선우의 흔들린 마음, 강 사장의 흔들린 마음을 에둘러 표현하고 있을 뿐이다. 그렇기에 이 영화는 그 형식조차도 느와르와의 경계선에 날카롭게 서 있다. 이후에 풀어내는 선우의 복수극은 화려한 액션을 선보이기 위한 목적이 아니라 오히려 그의 흔들리는 마음을 정리하기 위한 표현 방법에 불과하지 않았을까.

한 남자의 복수극은 이처럼 사건의 발단에 대한 명확한 답을 제시해주지 않는다. 선우는 강 사장을 힘겹게 다시 만나 왜 그랬냐고, 자신을 진짜 죽이려 했냐고 강하게 묻지만, 사실 그 또한 강 사장의 질문에 제대로 된 답을 하지 못한 상태였다. 강 사장도 그에게 왜 그랬냐고, 자신의 애인을 정말 사랑하고 있었냐고 무언의 눈빛을 보내고 있었다는 측면에서 말이다. 결국 두 사람의 촌극에 불과했던 사건의 배경은 희수에게 있었지만 희수는 두 사람 모두에게 아무런 말도 남기지 않는다. 그런 점에서 그녀의 역할은 무겁지만 결코 그 무게를 강하게 드러내지는 못한다. 영화의 모든 요소들은 이처럼 극과 극의 경계에서 강렬하게 흔들리는 모습이다.

선우(이병헌 분)가 희수(신민아 분)를 두고 냉정과 사랑 사이에서 자신의 속마음을 희석시키고 싶어 했다면, 희수의 마음은 과연 어떠했을까.

어느 깊은 가을 밤, 잠에서 깨어난 제자가 울고 있는 모습을 본 스승이 제자에게 묻는다. "무서운 꿈을 꾸었느냐?", "아닙니다." 제자의 단호한 대답에 스승이 다시 한 번 묻는다. "그런데 왜 그리 슬피 우느냐?" 제자가 흐르는 눈물을 닦아내며 나지막이 답한다. "그 꿈은 이루어질 수 없기 때문입니다." 영화는 비교적 간결하고도 단순한 스토리를 드러내지만, 그 안에 인물의 감정 흐름을 아주 많이 집어넣어 이를 읽는 재미를 더했다. 필자가 김지운 감독의 인생 작품이라고 칭한 것도 영화의 각본을 감독 스스로 책임졌기 때문이다. 하지만 사실 영화가 말하고자 하는 바는 스승과 제자의 이 대화에 모두 포함되어 있는 것 같다. 아마도 이 내레이션이 없었다면 영화의 퀄리티가 이 정도까지 형성되지는 못했을 거다. 생각해보면 영화는 처음부터 마지막까지 꾸준히 말하고 있었다. 달콤 쌉싸름한 인생이 어떤 맛인지 말이다.

다시 영화를 말하다

영화를 보고 생각을 글로 정리하는 일은 참 즐거운 작업이다. 나
는 블로그에, 웹진에, 월간지에 매일 같이 글을 남기며 항상 즐거운
추억에 잠기곤 했다. 마치 다시 영화의 한 장면으로 돌아가는 기분
이랄까. 사랑의 깊이에 빠지는 장면에서는 젊은 시절 아내와 데이
트를 즐겼던 종로의 한 거리로, 스릴 가득한 액션 장면에서는 아슬
아슬한 취준생 시절의 가슴을 쓸어내리는 줄다기 현장으로 빠져
들면서 말이다. 좋은 추억이든 나쁜 악몽이든 모든 게 지금의 나를

만들어준 나의 인생이라는 걸 온전히 느끼며 내게 있어서 영화는 어느 새 내 인생의 부족한 한 부분을 채워주는 조각이 되어버렸다.

　삶은 누구에게나 공평하다. 하지만 사실 세상을 알고 보면 너무나 불공평하게 여겨지는 부분들이 많다. 어쩌면 삶의 욕구와 열망이 모두들 한 방향을 바라보고 있기 때문은 아닐까. 나는 그런 점에서 조금이나마 그 방향을 달리 해석하려 애를 썼다. 그게 영화를 좋아하는 이유다. 영화는 그러한 삶의 근원적 질문에 대한 답을 제시해줄 때가 많기 때문이다. 그리고 적어도 영화를 접하는 시간만큼은 삶의 고통을 잊을 수가 있다.

　데이빗 핀처 감독의 영화 〈세븐〉(1995)을 보면 '지옥을 벗어나 빛을 향해 나아가는 길은 멀고도 험하다.'라는 문장이 나온다. 어쩌면 맞는 말일 수도 있다. 하지만 그 '지옥'이라는 단어를 조금만 달리 해석한다면, 우리가 살아가는 오늘이, 똑같은 일상이, 하루가 해석하기에 따라 '지옥'이 될 수도 '빛'이 될 수도 있다. 형사 데이빗(브래드 피트 분)은 생각하기에 따라서 방아쇠를 당길 수도 당기지 않을 수도 있었다. 어떤 쪽이 '지옥'이고 어떤 쪽이 '빛'이었을까. 휴일 아침, 내가 따뜻한 카페 라떼 한 잔과 함께 또다시 영화를 찾아나섰던 건 그 해답을 찾기 위해서였다. 나는 오늘도 여전히 영화를 통해 인생을 배운다.

현실 속에서 여행을 떠날 때면 언제나 망설이기 일쑤다. 낯선 곳에 대한 두려움도 크고 여행을 준비하기 위한 과정도 게으름에 파묻혀버리니까 말이다. 그럼에도 일단 여행을 떠나면 하루를 즐기는 데 온몸을 내던진다. 어디에서건 활동적이라는 얘기가 아니라 오히려 몸보다 정신을 즐기는 데 바쁘다는 표현이 더 어울리겠다. 휴양지에서 조용히 앉아 책을 읽어도 마음은 늘 주변과 함께했다. 그건 여행을 즐기는 나만의 방식이다. 그리스에서는 목적지인 산토리니보다도 경유지였던 아테네 거리를 더 즐겼다. 북적대는 사람들과 활기찬 도시의 기운을 느끼고 있다 보면 그곳의 분위기에 동화되어 들떴다. 이런 느낌은 캐나다 밴쿠버에서도, 미국의 워싱턴과 뉴욕에서도 마찬가지였다. 일행과 함께 거리를 거닐며 도시를 돌아다니거나 다운타운 가를 혼자 거닐어도 분명 재미가 있었다.

스마트폰이 아무리 발달하고 이를 통해 이불 속 여행을 수시로 드나들어도 그때 가졌던 감정을 대신할 수는 없다. 내가 직접 겪어봐야 하는 모든 감정들을 스마트폰이 대신 전해준다는 건 스스로 용납할 수 없는 문제다. 비단 스마트폰뿐만 아니라 TV를 보거나 책을 읽을 때도 마찬가지다. 영화를 아무리 좋아해도 그 감흥을 제대로 내 것으로 만들기가 힘들 듯이 지금은 간접적인 경험을 벗어나 스스로 부딪히는 행위가 간절할 때다. 영화를 봤지만 마치 제대로 보지 못한 것 같은 찝찝함이 계속해서 머릿속에 남아 있는 이유이기도 하고 말이다.

책을 준비하는 동안, 내내 글이 잘 써지지 않았다. 좀처럼 주제를 잡지 못하고 중얼중얼, 펜을 들고 부르르 떨면서도 횡설수설. 잉크가 채 마르기도 전에 이미 그 글들은 의미 없는 낙서가 되고 말았다. 그럴 때면 언제나 옆에서 지켜보는 아내의 눈빛이 예사롭지 않다. 무심한 듯 관심을 표현해주고 그냥 던지는 말 한마디도 글에 대한 날카로운 지적이다. 영화를 볼 수 있게 배려해주고 글을 쓸 수 있도록 인내해준 아내에게 진심으로 감사한다.

나는 앞으로도 계속해서 영화를 보며 글을 남기고 가슴 깊이 여행을 떠날 것이다. 영화의 필름이 끊기고 펜의 잉크가 마를 때까지 세상을 배워나가기 위해.

2020년 9월

팝콘과 콜라는 저리 제쳐둔 어느 상영관 한구석에서